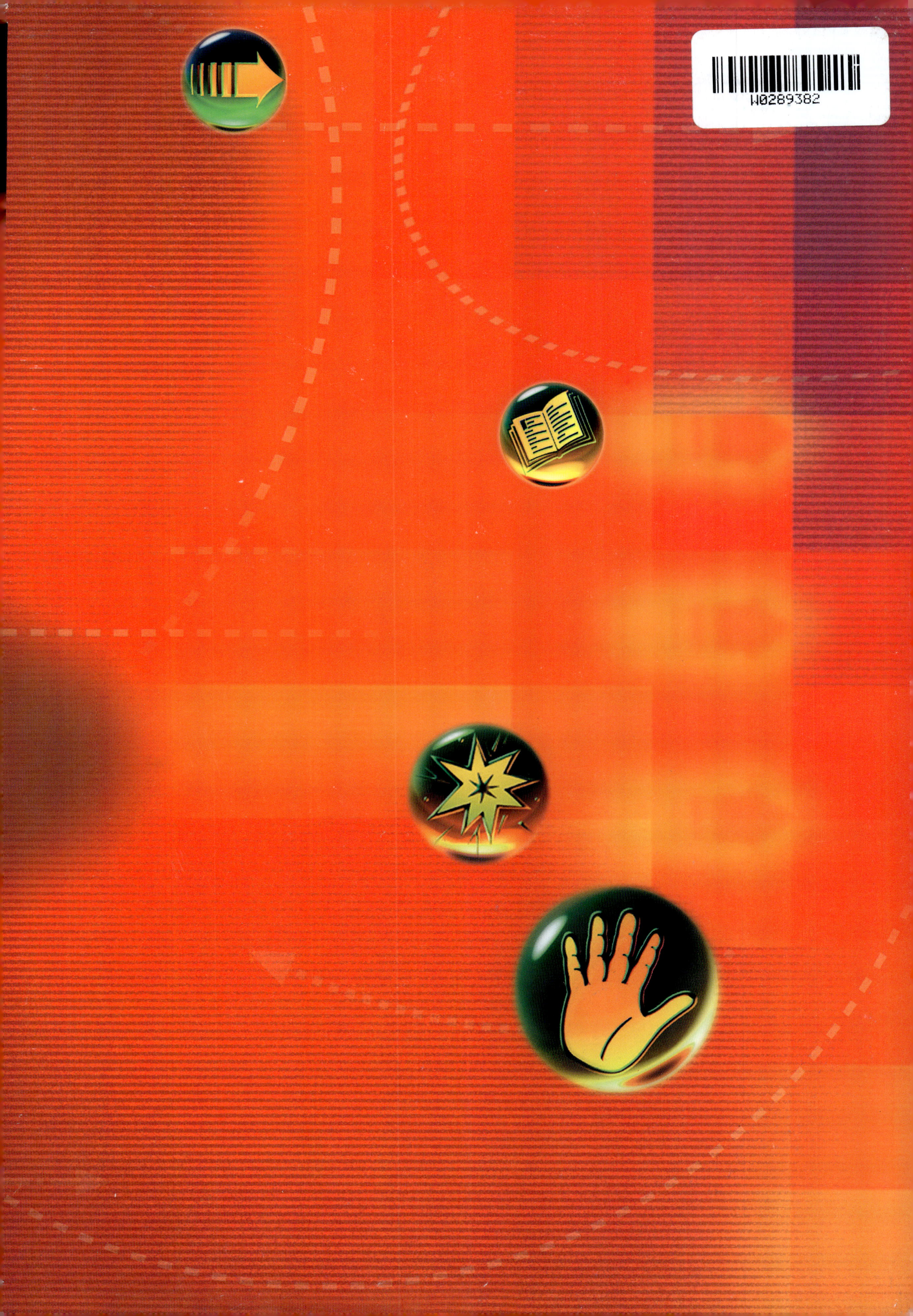

larousse.explore

Le Temps

climats et météo

Conçu et produit par Weldon Owen Pty, Ltd, Australie

Auteur : Scott Forbes
Conseiller : Richard Whitaker
Illustrateurs : Richard Bonson/Wildlife Art Ltd, Robin Bouttell/Wildlife Art Ldt, Anne Bowman, Chris Forsey, Richard McKenna, Nichola Oram, Olivier Rennert, Glen Vause
Cartes : Laurie Whiddon
Conception graphique : John Bull, Clare Forte, Robyn Latimer

Responsable éditoriale : Véronique Herbold
Traduction et réalisation : Agence Media,
avec la collaboration de Tina Calogirou
Conseiller : Bruno Daversin
directeur du planétarium du cap de la Hague

Numéro d'éditeur : 10089793
ISBN : 2-03-565071-2
Dépôt légal : septembre 2002

Imprimé à Singapour

larousse.explore

Le Temps

climats et météo

LAROUSSE

Sommaire

Qu'est-ce que le temps ? 6

Le temps en colère 28

Le temps qu'il fera 46

Choisis ton itinéraire !

Tu vas partir à la découverte du temps qu'il fait. Tu peux lire ce livre de la première à la dernière page, ou bien aller directement aux sujets qui t'intéressent le plus : les orages, les tornades ou les inondations si tu aimes les sensations fortes ; le soleil, les nuages, les arcs-en-ciel si tu veux comprendre ces phénomènes ; la météorologie si tu veux faire des prévisions.

Tu trouveras de nombreuses autres pistes de lecture dans les encadrés. Les encadrés « Gros plan » t'emmènent sur le terrain pour partager les missions des chasseurs d'orages et d'autres aventuriers de l'extrême. Les encadrés « À toi de jouer » te proposent des expériences et te permettront de construire une véritable petite station météo. Dans « Histoire de mots », tu apprendras l'origine des mots savants, tandis que dans « Incroyable ! » tu découvriras des records et des phénomènes étonnants. Enfin, les encadrés « Zapping » t'aideront à circuler d'une page à l'autre pour satisfaire ta curiosité.

GROS PLAN

Les aventuriers de l'extrême

Voyage dans l'œil d'un cyclone avec le 53ᵉ escadron de reconnaissance météo. Découvre le record d'altitude battu par Glaisher et Coxwell dans leur montgolfière ainsi que les travaux de Molina et Rowland, qui ont prévu l'apparition du trou dans la couche d'ozone dix ans avant sa découverte. Les encadrés GROS PLAN te présentent les personnalités qui ont marqué l'histoire de la météorologie.

À TOI DE JOUER

Expériences et activités

Créer des éclairs ou un arc-en-ciel, construire toi-même des instruments permettant d'enregistrer le niveau des précipitations, la pression atmosphérique et la vitesse du vent, rédiger un bulletin météo : les activités que proposent les encadrés À TOI DE JOUER te permettent de mieux comprendre les climats et la météo.

Histoire de mots

Quel drôle de mot !
Que signifie-t-il ?
D'où vient-il ?
Tu l'apprendras dans ces encadrés.

Incroyable !

Une série de faits amusants et de records stupéfiants sont présentés dans ces encadrés.

Zapping

Consulte ces encadrés pour te promener dans ton livre en sautant de chapitre en chapitre selon ce qui t'intéresse.

QU'EST-CE QUE LE TEMPS ?

En te levant le matin, l'une des premières choses que tu fais est certainement de regarder par la fenêtre pour voir le temps qu'il fait : la météo est un aspect essentiel de notre vie quotidienne. Mais, au fait, qu'est-ce qui détermine le temps ? Schématiquement, le mouvement de l'air à la surface de la terre entraîne la formation de nuages, de vents, de pluie et de neige. Bien que le temps demeure difficile à prévoir, il obéit à des schémas plus ou moins réguliers. C'est ce qu'on appelle le climat.

page 8

Comment s'appelle la couche d'air qui enveloppe la Terre et qui nous protège des débris tombant de l'espace, comme les météorites, les astéroïdes et les satellites hors d'usage ?

Cap sur L'ATMOSPHÈRE

page 10

En quoi la rotation de la Terre autour du Soleil détermine-t-elle les saisons ?

Cap sur LE ROI SOLEIL

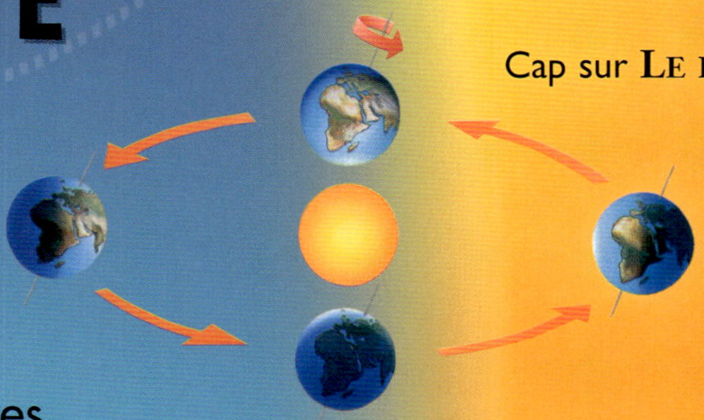

page 12

Que se passe-t-il lorsque la mousson d'été arrive en Inde ?

Cap sur LA CIRCULATION DE L'AIR

page 14

Sais-tu ce qu'est une brise de mer ?

Cap sur TERRE ET MER

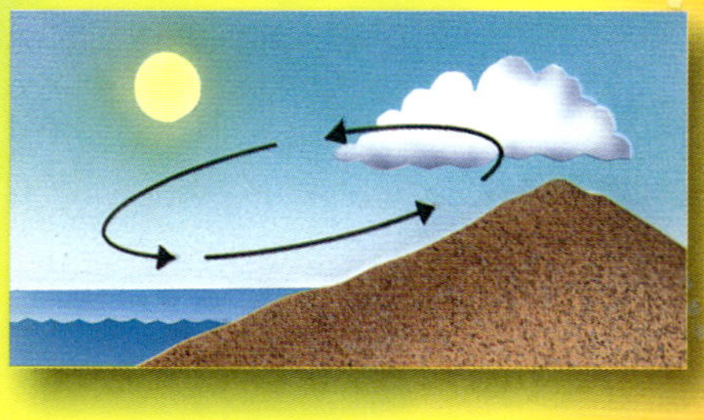

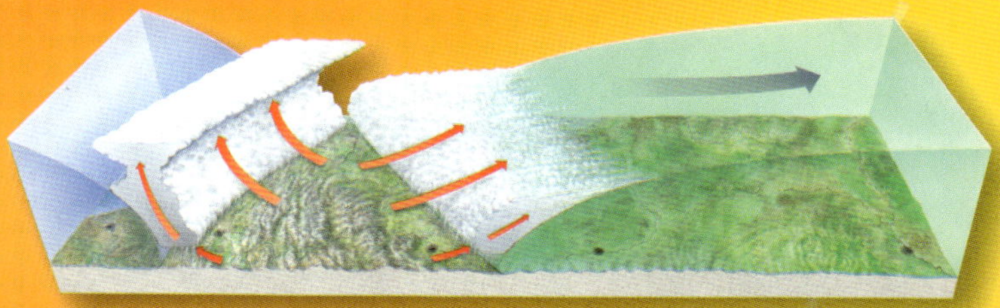

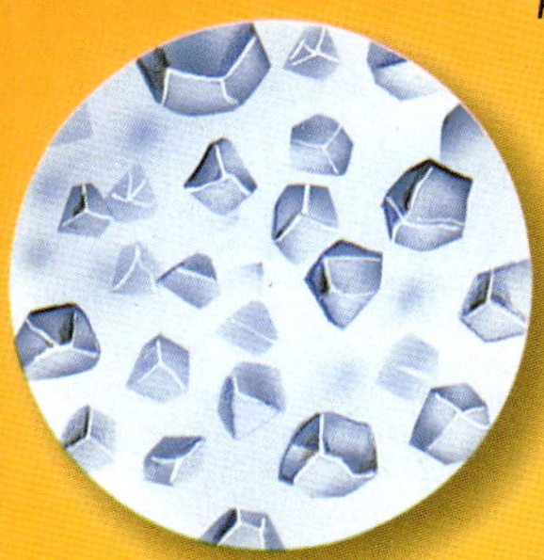

Montgolfière

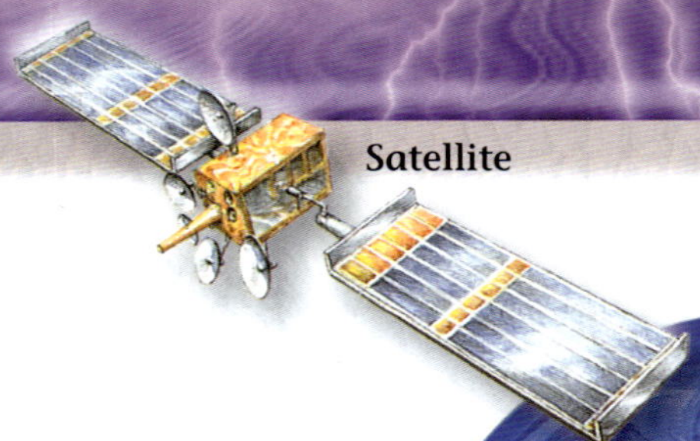

Satellite

L'atmosphère

L'atmosphère fournit l'oxygène et l'eau nécessaires à la vie. Elle nous protège aussi des rayons nocifs du soleil et des débris venus de l'espace : astéroïdes, météorites ou même satellites hors d'usage. Grâce à elle, les températures qui règnent sur terre sont favorables à la vie.

La température de l'air varie en fonction de l'altitude dans les cinq couches qui composent l'atmosphère. Des scientifiques ont découvert l'existence de ces couches à la fin du XIXe siècle, en s'élevant dans les airs à bord de montgolfières. C'est un Français, Teisserenc de Bort, qui nota que la température cessait de chuter au-delà d'environ 10 000 m d'altitude. Il en déduisit que cette limite marquait le commencement d'une nouvelle couche atmosphérique, l'actuelle stratosphère.

Environ 99 % des phénomènes climatiques se produisent dans la couche inférieure de l'atmosphère, dans laquelle nous vivons : la troposphère.

Un bouclier fragile
La Terre est la seule planète du système solaire dont l'atmosphère contient assez d'eau et d'oxygène pour permettre la vie. Mais l'atmosphère est très mince : si la Terre était une pomme, elle ne serait pas plus épaisse que la peau du fruit.

Le haut de la troposphère
Les formes noires que l'on distingue sur cette image satellite de l'atmosphère sont des nuages d'orage. Comme de tels nuages cessent généralement de se développer à la limite supérieure de la troposphère, leur sommet en forme d'enclume permet de repérer cette limite.

Couche après couche
Imaginons que tu t'élèves lentement dans les airs un thermomètre à la main : tu constaterais que la température de la troposphère baisse d'environ 7 °C tous les 1 000 m. À la limite de la stratosphère, l'air se réchauffe pour refroidir à nouveau dans la couche suivante, la mésosphère. Les températures augmentent ensuite de façon spectaculaire dans la thermosphère puis dans la couche la plus élevée, l'exosphère, où elles peuvent atteindre 1 650 °C.

GROS PLAN

Danger de mort dans les airs

En septembre 1862, en Angleterre, le scientifique James Glaisher et son pilote Henry Coxwell entamèrent leur deuxième vol d'étude dans l'atmosphère à bord d'une montgolfière. Les deux hommes dépassèrent l'altitude atteinte lors de leur premier vol, et commencèrent à souffrir du froid et du manque d'oxygène. Coxwell constata alors que le filin actionnant la valve d'échappement, qu'il devait tirer pour faire descendre le ballon, était emmêlé dans un cordage. Il grimpa pour le démêler mais ses mains gelèrent, lui interdisant tout mouvement. Au-dessous de lui, Glaisher venait de perdre connaissance. Si le ballon poursuivait son ascension, les deux hommes étaient promis à la mort. Dans un ultime effort, Coxwell réussit à saisir le filin entre ses dents et à le tirer vers le bas. Le ballon redescendit et Glaisher reprit connaissance. En s'élevant à plus de 9 150 m, les deux hommes venaient de battre un record d'altitude !

Avion furtif

Histoire de mots

Atmosphère vient de deux mots grecs : *atmos*, qui signifie « vapeur » ou « gaz », et *sphaera*, qui veut dire « sphère ».

Incroyable !

La thermosphère agit comme un bouclier pour certaines ondes radio, qui « rebondissent » dessus pour atteindre ensuite d'autres continents sans relais.

Zapping

• Comment peut-on expliquer les changements de couleur du ciel ? Réponse pages 26-27.
• L'homme risque d'endommager la couche d'ozone et de provoquer un réchauffement de l'atmosphère. Comment ? → pages 60-61.

Dessin sans échelle

Sous haute protection

Certains gaz de l'atmosphère jouent un rôle essentiel, en rendant notre planète habitable.

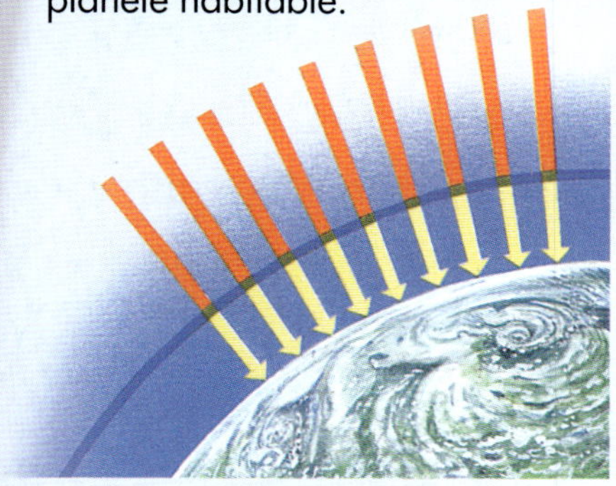

La couche d'ozone

À environ 24 km au-dessus de nos têtes s'étend une fine couche d'un gaz appelé ozone. Tel un écran solaire, cette couche nous protège des rayons ultraviolets nocifs émis par le soleil.

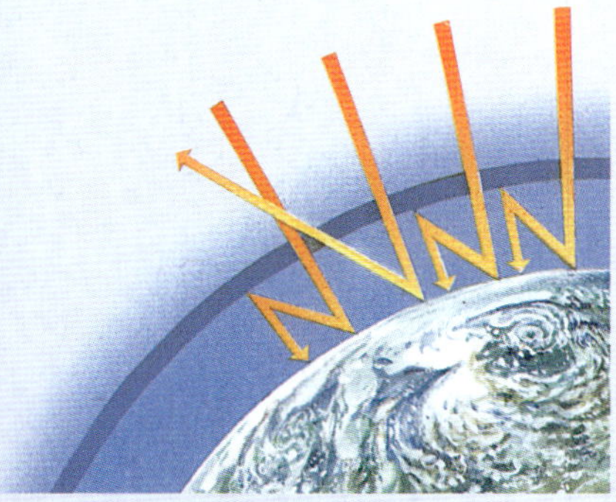

L'effet de serre

Une partie de la lumière du soleil est bloquée dans l'atmosphère ; l'autre partie est absorbée par la terre ou réverbérée sous forme de chaleur. Les gaz à effet de serre empêchent cette chaleur de s'échapper comme elle le devrait et réchauffent l'atmosphère.

Un équilibre complexe

Les diverses parties de la Terre ne reflètent pas et n'absorbent pas les mêmes quantités de lumière. Les océans et les forêts tropicales en absorbent beaucoup, tandis que la glace circumpolaire renvoie jusqu'à 90 % de la lumière.

Thermomètre

Baromètre

Manche à air

Le roi Soleil

Sais-tu que c'est le soleil qui entraîne la formation du vent, des nuages et de la pluie ? L'atmosphère est composée de molécules d'air en mouvement perpétuel, et ces mouvements créent la pression atmosphérique.

Lorsque le soleil brille, les molécules proches du sol se réchauffent, ce qui entraîne leur ascension (convection) et crée une zone de basse pression (dépression) au sol. L'air chaud qui monte refroidit et s'étend. Dès qu'il atteint une température inférieure à celle de son environnement, il commence à descendre en formant une zone de haute pression (anticyclone). Comme l'atmosphère tend à niveler les différences de pression, l'air se déplace ensuite de l'anticyclone vers la dépression. C'est de cette façon que naissent les vents.

Comme certaines parties de la planète sont davantage chauffées que d'autres et que l'ensoleillement n'est pas le même toute l'année, le climat varie d'une région du globe à une autre et d'une saison à une autre.

De moins en moins d'air

La gravité attire les molécules d'air vers la surface de la terre. Plus on monte en altitude, plus la pression atmosphérique et la quantité d'oxygène diminuent. C'est pourquoi les alpinistes souffrent parfois d'un manque d'oxygène.

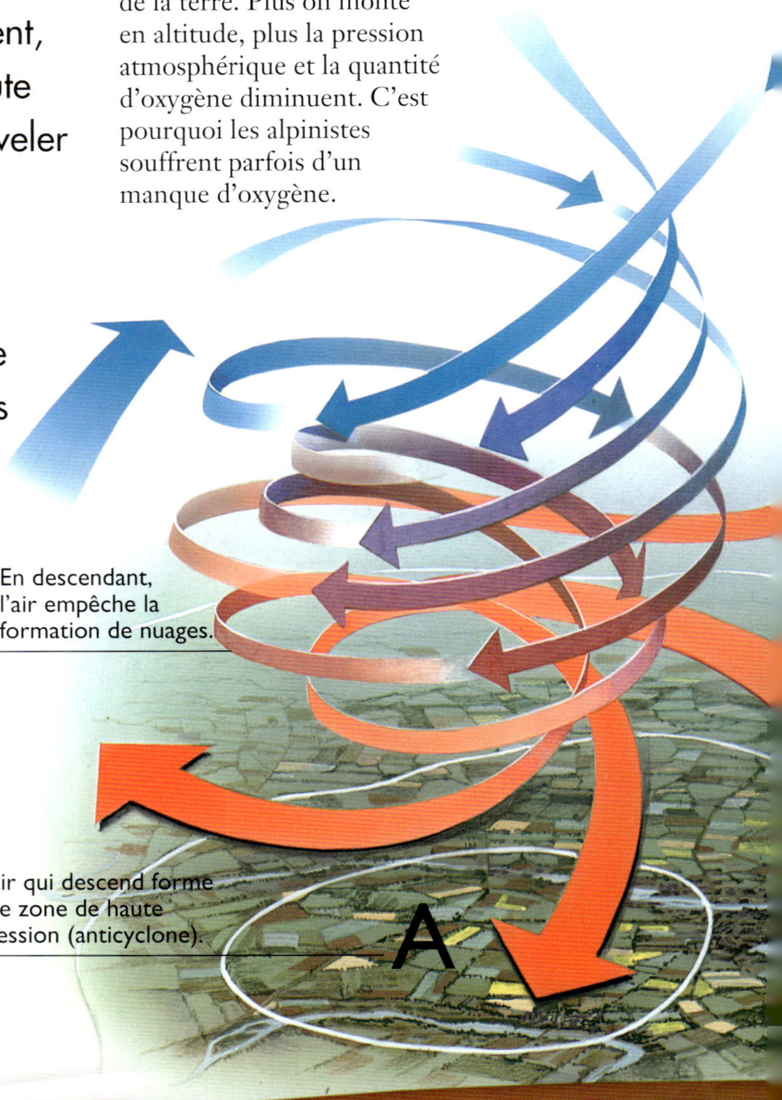

Pris entre deux feux

Plus la différence de pression entre deux zones est importante, plus le vent qui se forme est puissant. Si tu sens souffler une brise légère, tu te trouves entre une zone de pression modérément élevée et une zone de pression modérément basse. S'il souffle un vent fort, la différence de pression est considérable.

Changements de saisons

Comme la Terre tourne autour d'un axe incliné à 23,5°, la quantité d'énergie solaire atteignant les différentes parties de la planète change à mesure que cette dernière tourne autour du Soleil. Ce sont ces variations qui sont à l'origine des saisons. Dans l'hémisphère incliné vers le Soleil, c'est l'été et les journées sont longues. Dans l'autre hémisphère, c'est l'hiver et les journées sont courtes. Au printemps et en automne, les journées et les nuits ont la même longueur, et les températures sont plus douces.

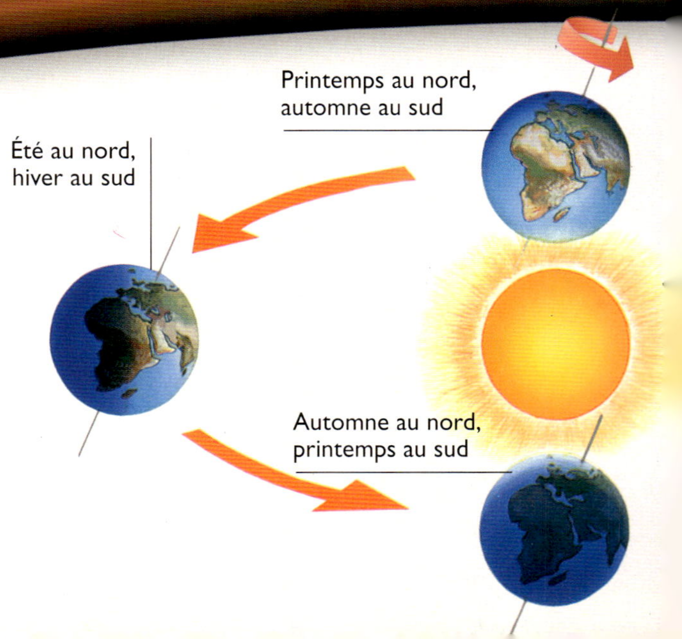

Histoire de mots

• **Solaire** vient du latin *solaris*, dérivé de *sol*, « soleil ».
• La pression atmosphérique se mesure en **hectopascals**. Ce terme associe le mot grec *hekaton* (« cent ») au nom de Blaise Pascal (1623-1662), qui démontra que la pression de l'air diminue avec l'altitude. Un hectopascal (hPa) est égal à 100 pascals (Pa).

Incroyable !

• L'air contenu dans une pièce pèse autant qu'un jeune enfant.
• La pression atmosphérique la plus élevée au niveau du sol est de 1 083,8 hPa. Elle a été relevée en Sibérie en 1968. La plus basse, de 877 hPa, a été relevée à Guam (Pacifique) en 1958.

Zapping

• Le soleil réchauffe la surface de la terre de manière irrégulière, et la circulation atmosphérique générale qui en résulte donne naissance à des systèmes de vents planétaires. Comment ? Réponse pages 12-13.
• Quel phénomène est à l'origine des orages ? → pages 16-17.
• Comment se forment les nuages ? → pages 22-23
• Comment les zones de basse et de haute pression sont-elles représentées sur les cartes météo ? → pages 56-57.

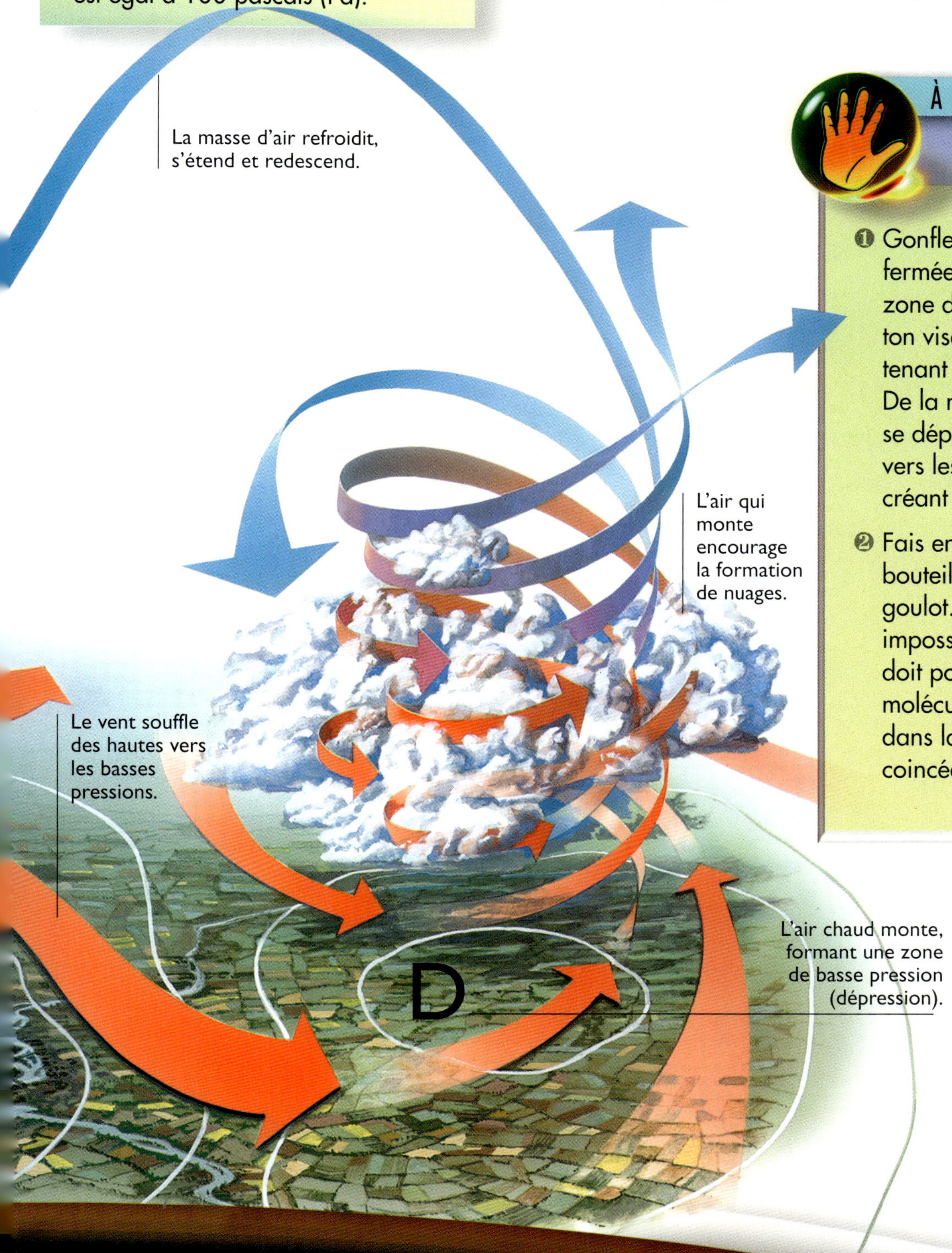

À TOI DE JOUER

Sous pression

❶ Gonfle un ballon puis maintiens l'ouverture fermée avec tes doigts : tu viens de créer une zone de haute pression. Place l'orifice devant ton visage et laisse l'air s'échapper tout en tenant le ballon. L'air souffle sur ton visage. De la même manière, l'air de l'atmosphère se déplace des zones de haute pression vers les zones de basse pression, en créant du vent.

❷ Fais entrer un ballon gonflable dans une bouteille et passe l'ouverture autour du goulot. Essaie de gonfler le ballon : c'est impossible. Pour se gonfler, un ballon doit pouvoir se dilater et déplacer les molécules d'air qui l'entourent. Or, dans la bouteille, les molécules sont coincées par la rigidité du verre.

Dépressions et anticyclones

Comme l'air chaud monte, le nombre de molécules d'air au niveau du sol diminue et une zone de basse pression (dépression) apparaît. À mesure que l'air refroidit, il redescend : le nombre de molécules augmente sur le sol, et une zone de haute pression (anticyclone) apparaît. L'air se déplace alors de la zone de haute pression vers la zone de basse pression sous forme de vent. L'air qui monte accroît la formation de nuages, l'air qui descend a l'effet inverse. C'est pourquoi les basses pressions amènent plutôt un temps humide et nuageux, tandis que les hautes pressions sont synonymes de soleil.

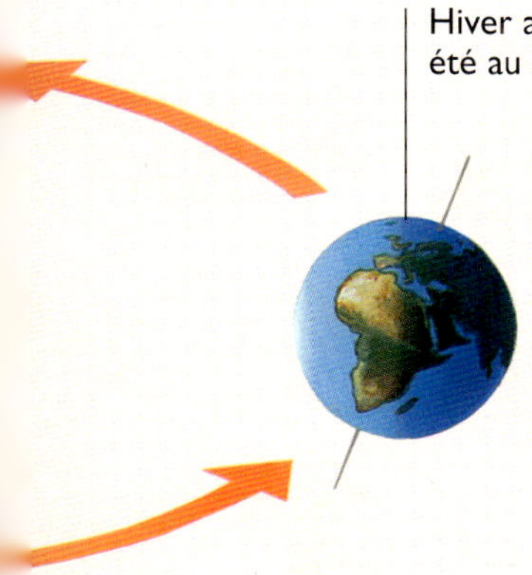

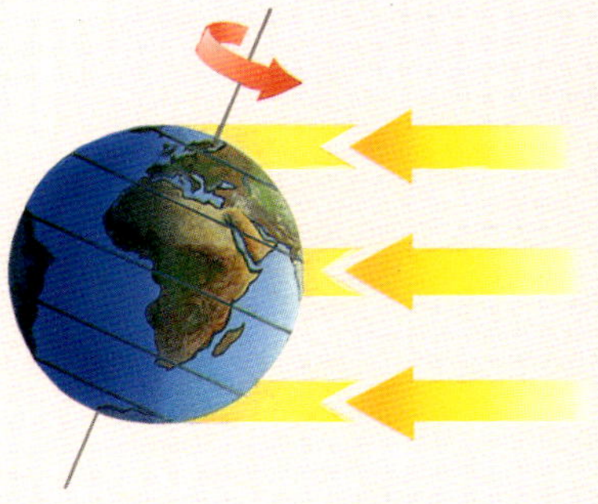

Grosse chaleur

Toute l'année, c'est sous les tropiques que le soleil est le plus chaud. En juin, il se trouve directement au-dessus du tropique du Cancer (à gauche), tandis que, en décembre, il surplombe le tropique du Capricorne (à droite).

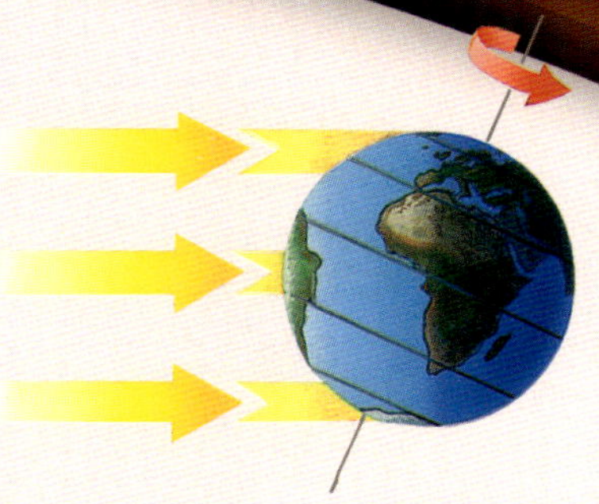

Bateau à voiles

Girouette

La circulation de l'air

Au niveau de l'équateur, l'air chaud et humide s'élève à plus de 12 km d'altitude. Il refroidit, s'assèche et retombe sur le sol à environ 3 000 km au nord et au sud de son point de départ. De là, une partie de l'air repart vers l'équateur au niveau du sol, formant une circulation en boucle que l'on appelle cellule.

Ces mouvements d'air, que l'on retrouve dans les régions tempérées et aux pôles, sont à l'origine des principaux systèmes de vents de la planète et déterminent les différents climats à la surface de la terre. L'air chaud et humide qui s'élève au niveau de l'équateur est à l'origine des pluies qui tombent sous les tropiques, tandis que l'air sec qui descend à 30° au nord et au sud de l'équateur donne une bande de climat où se situent la plupart des régions arides. Par ailleurs, les vents qui soufflent vers le nord et vers le sud sont déviés par la rotation de la Terre : c'est la force de Coriolis.

À toi de jouer
La force de Coriolis

➊ Prends un globe et un morceau de craie ; demande à un ami de faire tourner le globe vers l'est pendant que tu traces une ligne verticale du pôle Nord vers l'équateur.

➋ La ligne que tu viens de tracer est courbe. En raison de la rotation terrestre, elle s'est déportée vers la droite. De la même manière, la rotation de la Terre donne l'impression que les vents se déplacent vers la droite dans l'hémisphère Nord et vers la gauche dans l'hémisphère Sud.

Courants-jets

Des vents puissants, appelés courants-jets ou jet-streams, soufflent à très haute altitude dans l'atmosphère, entre les grandes cellules. Lorsqu'ils transportent de l'air humide, ils forment parfois des bandes nuageuses étroites, comme sur cette image satellite d'un courant-jet au-dessus de la mer Rouge.

Systèmes de vents

Les mouvements de l'air sont à l'origine de trois grands types de cellules. Les plus proches de l'équateur sont appelées cellules de Hadley, du nom du scientifique anglais qui les a décrites en 1753. Les cellules de Ferrel, situées entre 30° et 60°, ont été décrites pour la première fois en 1856 par le scientifique américain dont elles portent le nom. Les troisièmes sont les cellules polaires, quelquefois appelées cellules polaires de Hadley.

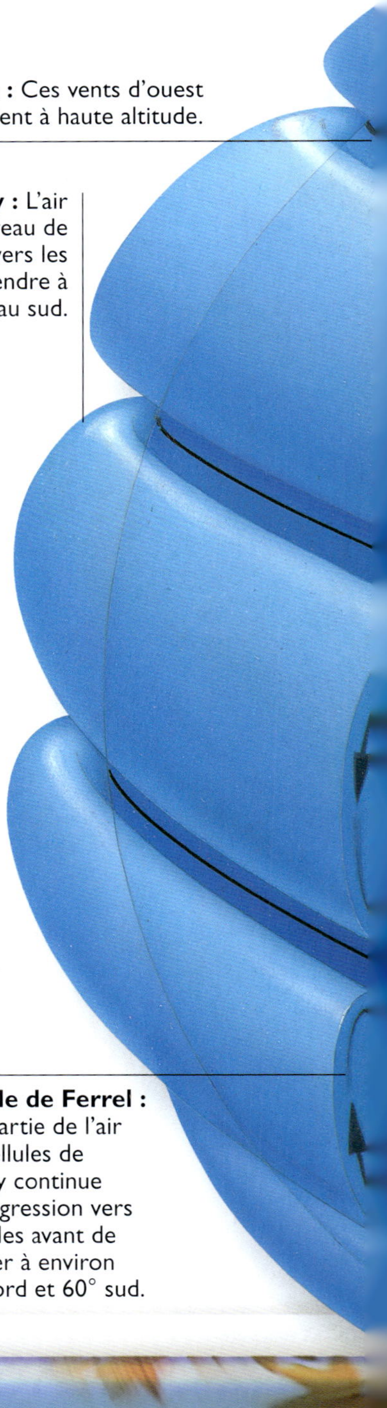

Courants-jets : Ces vents d'ouest puissants soufflent à haute altitude.

Cellule de Hadley : L'air chaud s'élève au niveau de l'équateur et s'étend vers les pôles avant de redescendre à environ 30° au nord et au sud.

Cellule de Ferrel : Une partie de l'air des cellules de Hadley continue sa progression vers les pôles avant de s'élever à environ 60° nord et 60° sud.

Lignes parallèles

Cette image satellite montre que l'air ascendant crée des bandes de temps nuageux et instable le long de l'équateur et au-dessus de 40°, tandis que l'air descendant amène un ciel plus dégagé à 30° au nord et au sud.

Éolienne

Histoire de mots

La **force de Coriolis** doit son nom au scientifique français Gaspard Coriolis (1792-1843), qui a pour la première fois mis en évidence la force de déviation liée à la rotation de la Terre sur elle-même.

Incroyable !

Les courants-jets peuvent dépasser 400 km/h en hiver. Les avions volant dans le sens du vent profitent parfois de ces courants. En Amérique du Nord, cela leur permet de gagner jusqu'à une heure et demie pour un vol reliant une côte à l'autre.

Zapping

- Comment l'air se déplace-t-il des zones de haute pression vers les zones de basse pression ? Réponse pages 10-11.
- Quelle est l'origine des cyclones ? → pages 36-37.
- Pourquoi y a-t-il des inondations ? → pages 38-39.

Tourner et tourner encore
Comme la Terre est ronde, la force de Coriolis est plus forte aux pôles et inexistante à l'équateur. Dans l'hémisphère Nord, elle entraîne un déplacement de l'air vers le bas et dans le sens des aiguilles d'une montre autour des hautes pressions (comme une vis que l'on enfonce), et vers le haut et dans le sens inverse (telle une vis que l'on desserre) autour des basses pressions. Ces mouvements sont inversés dans l'hémisphère Sud.

La mousson

La mousson est un vent saisonnier qui amène de fortes pluies dans des régions subtropicales comme l'Inde ou le Bangladesh.

Saison sèche

En hiver, une pression élevée dans les terres donne naissance à des vents de nord-est qui repoussent l'air humide loin de l'Inde, au-dessus de l'océan.

Saison des pluies

En été, les températures élevées provoquent des basses pressions dans les terres, ce qui attire l'air chaud et humide qui est au-dessus de l'océan. Il en résulte des pluies torrentielles.

Voilier

Cerf-volant

Planche à voile

Terre et mer

La terre et la mer ne se réchauffent pas et ne refroidissent pas de la même manière. La terre se réchauffe rapidement par beau temps et refroidit tout aussi vite lorsque la température baisse. La mer met plus de temps pour emmagasiner et pour libérer la chaleur. Et, contrairement à la terre, elle est en mouvement perpétuel : elle peut absorber de la chaleur à un endroit et la diffuser ailleurs. En bord de mer, un courant froid peut rafraîchir un littoral chaud et un courant chaud peut réchauffer un littoral froid.

Ces différences entre la terre et la mer donnent naissance à des vents côtiers. Par beau temps, la terre se réchauffe en journée, ce qui entraîne une ascension rapide de l'air et forme une zone de basse pression. Cette zone attire de l'air venant de la mer et donne naissance à une brise de mer.

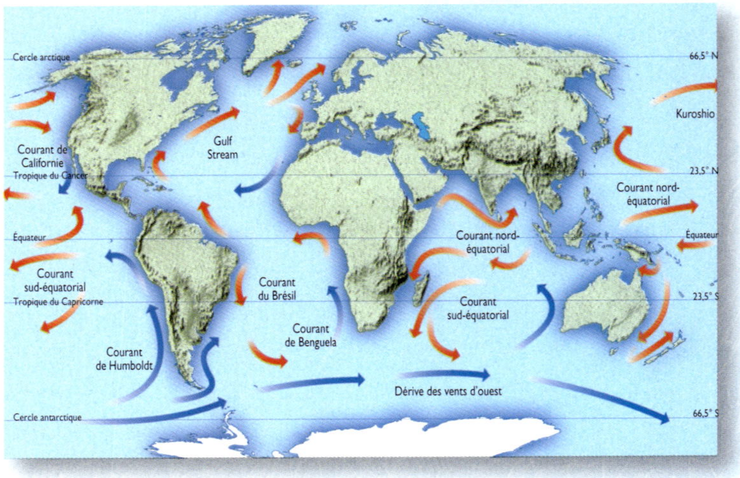

Courants chauds — Courants froids

Eau chaude, eau froide

Les principaux courants marins (ou océaniques) sont dus aux systèmes de vents planétaires. Ils transportent de l'eau chaude ou froide sur des distances importantes autour de la planète, et peuvent exercer une influence considérable sur le climat. Le Gulf Stream est un excellent exemple : il transporte de l'eau chaude de la mer des Caraïbes vers le nord de l'Atlantique. Sans lui, le climat du nord-ouest de l'Europe serait beaucoup moins doux.

En s'évaporant, l'eau forme des nuages.

À toi de jouer

Le cycle de l'eau

1. Remplis à moitié un grand plat profond avec un mélange d'eau et de boue.
2. Pose au milieu un verre moins haut que le plat.
3. Couvre le plat avec du film étirable et pose un caillou au-dessus du verre : le film étirable doit ployer au-dessus du verre sans le toucher.
4. Laisse le plat au soleil plusieurs heures, puis regarde : le verre contient de l'eau limpide. La chaleur du soleil a fait s'évaporer l'eau du plat (la boue n'a pas bougé). La vapeur s'est transformée en eau sur le dessous du film, comme la vapeur d'eau donne de la pluie, puis elle a goutté du film dans le verre, comme la pluie tombe du ciel.

Le temps en bord de mer

Pendant la journée, on voit souvent une ligne de nuages en bord de mer. Leur présence s'explique par le fait que la terre dégage davantage de chaleur que la mer, entraînant une plus forte ascension d'air. Lorsqu'il fait assez humide, des nuages se forment. L'air ascendant produit aussi des vents locaux, appelés brises de terre et brises de mer.

Histoire de mots

Une fois qu'une masse d'air a traversé une chaîne de montagnes, elle descend et sèche : ce phénomène, l'**effet de fœhn,** explique l'existence de zones arides derrière les montagnes, comme sur le littoral méditerranéen.

Incroyable !

Des vents marins puissants soufflent dans l'Antarctique, où les basses pressions nocturnes attirent l'air glacé du haut plateau vers la mer. Ces vents peuvent atteindre une vitesse de plus de 160 km/h.

Zapping

• Comment se forment les vents de mousson ? Réponse page 13.
• Où naissent les cyclones et pourquoi s'affaiblissent-ils dès qu'ils arrivent sur terre ? → page 36.
• Comment un changement affectant un courant marin peut-il entraîner la sécheresse ? → page 41.

Le cycle de l'eau

L'interaction entre l'atmosphère, la terre et la mer est à l'origine d'un cycle de l'eau qui agit sur notre météo et qui nous approvisionne en eau fraîche. Lorsque le soleil réchauffe la mer, les lacs et les rivières, une partie de l'eau se transforme en vapeur : ce phénomène s'appelle l'évaporation. La vapeur d'eau forme des nuages, qui à leur tour donnent de la pluie. Une partie de cette pluie est absorbée par le sol et par les plantes. Le reste retourne à la mer, en transitant par les cours d'eau et le sous-sol.

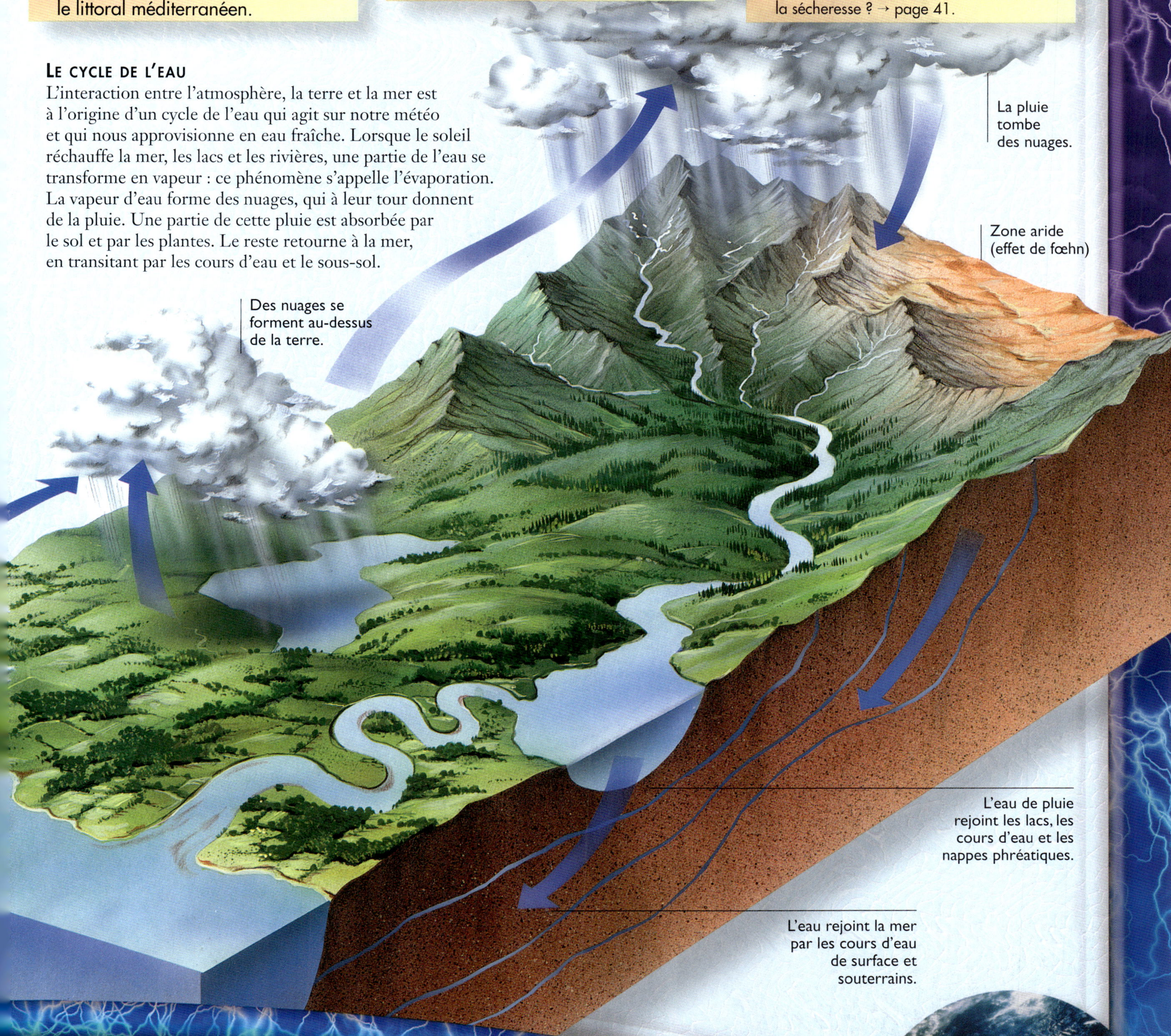

Brise de mer

Le jour, la terre se réchauffe plus vite que la mer. L'air monte au-dessus de la terre et est remplacé par de l'air plus frais venant de l'océan : ce sont les brises de mer.

Brise de terre

La nuit, la terre refroidit plus que la mer. La basse pression au-dessus de l'eau attire l'air venant de la terre : ce sont les brises de terre.

Délimitation précise

Cette photo satellite du sud de l'Inde montre l'effet de la brise de mer sur la formation de nuages. Des nuages sont nés dans les terres, où l'air chaud monte, mais il n'y en a pas sur le littoral, où l'air plus frais descend.

Symbole de front froid

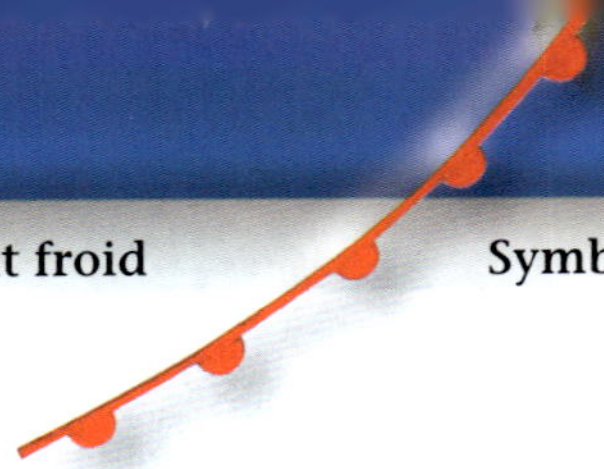
Symbole de front chaud

LES FRONTS

Lorsque deux masses d'air de températures différentes se rencontrent, elles « s'affrontent » le long d'une ligne (front) et entraînent des perturbations atmosphériques. Lorsqu'une masse d'air froid en mouvement rencontre une masse d'air chaud stationnaire, l'air froid se glisse sous l'air chaud et le contraint à s'élever. Il en résulte un front froid. Comme l'air chaud monte vite le long du front froid, la température peut changer et des nuages peuvent se former, amenant pluie et vent. Lorsqu'une masse d'air chaud en mouvement rencontre une masse d'air froid stationnaire, l'air chaud monte peu à peu pour dépasser le sommet d'air froid, formant un front chaud. Comme l'air s'élève moins vite, la température change plus lentement.

Il arrive que l'air froid et l'air chaud se mettent à tourner l'un autour de l'autre, formant alors une masse d'air tournoyante appelée système dépressionnaire. Cette rotation crée une zone de basse pression au centre et deux fronts, un chaud et un froid. Comme les fronts tournent autour de la zone de basse pression, ils sont à l'origine d'un temps changeant et souvent orageux.

ROTATION DANS LES AIRS
Sur cette image satellite d'un système de basse pression, le front froid prend la forme d'une bande nuageuse s'étendant du centre vers le premier plan. Le front chaud se trouve au milieu, entre les nuages.

AUTOPSIE D'UN ORAGE
Le dessin ci-dessous montre un système de basse pression sur le nord de l'Europe (voir carte ci-dessus pour la localisation). Le front froid amène des perturbations orageuses sur l'ouest. Plus à l'est, un front chaud porteur de pluies légères s'étend sur une vaste zone en Pologne. Comme les fronts se déplacent vers l'est, ils peuvent s'intensifier ou au contraire s'affaiblir selon la nature du système dépressionnaire.

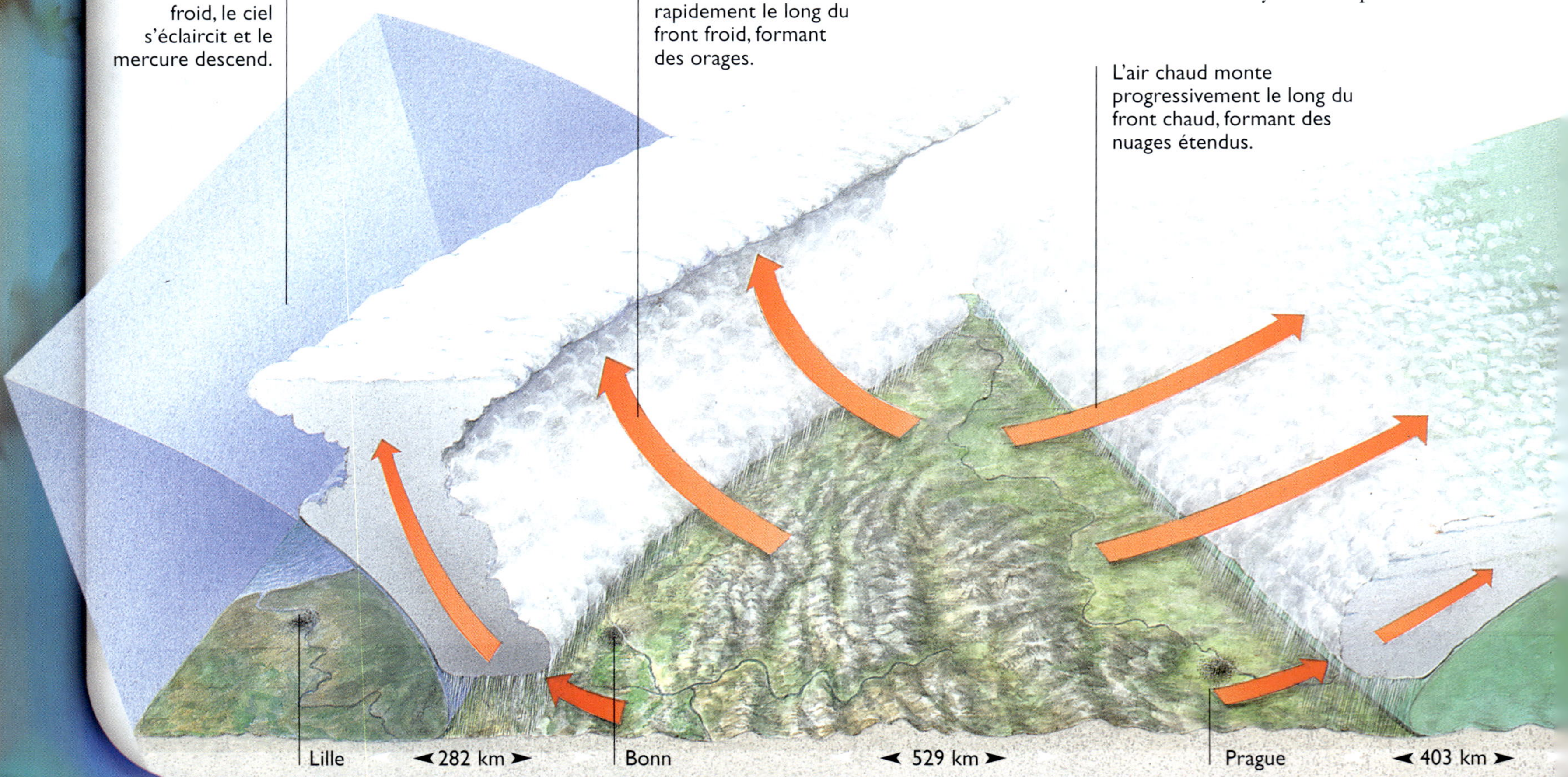

Histoire de mots

Après le passage d'un front froid, le ciel se dégage et se parsème de cumulus qui peuvent parfois lâcher de grosses averses : c'est le **ciel de traîne**.

Incroyable !

Les 23 et 24 janvier 1916, à Browning (Montana, États-Unis), un front froid a entraîné en vingt-quatre heures une baisse record de température, passée de 7° C à – 49 °C, soit – 56 °C !

Zapping

• Quels sont les principaux systèmes de vents ? Réponse pages 12-13.
• Les fronts sont représentés sur les cartes météo à l'aide des symboles utilisés sur la page de gauche. Que signifient ces symboles ? → pages 56-57.

Du changement dans l'air
L'arrivée d'un front chaud est souvent annoncée par l'apparition d'une large bande de cirrus de haute altitude. Ces derniers sont généralement suivis d'altocumulus ou d'altostratus, puis de stratus bas et épais. Ces formations nuageuses sont souvent porteuses de pluie ou de neige s'il fait très froid.

GROS PLAN

Avancée sur le front polaire

En 1917, à Bergen, en Norvège, une équipe de scientifiques dirigée par Vilhelm Bjerknes étudia les phénomènes se produisant lors de la rencontre de l'air froid venu du pôle Nord et de l'air chaud venu du sud. Ils découvrirent que ces interactions étaient à l'origine de la majorité des perturbations atmosphériques touchant le nord de l'Europe et qu'elles se produisaient surtout le long des frontières entre les masses d'air. Bjerknes qualifia ces frontières de « fronts », par analogie avec les zones de combat de la Grande Guerre. Les recherches de l'école de Bergen représentent une avancée importante dans l'étude des phénomènes météorologiques.

Les nuages qui s'étendent donnent une pluie légère, ainsi que de la neige sur la Pologne.

L'arrivée du front chaud entraîne la formation d'une bande de nuages de haute altitude.

Les vents d'ouest dominants chassent ce phénomène atmosphérique vers la Biélorussie et l'Ukraine.

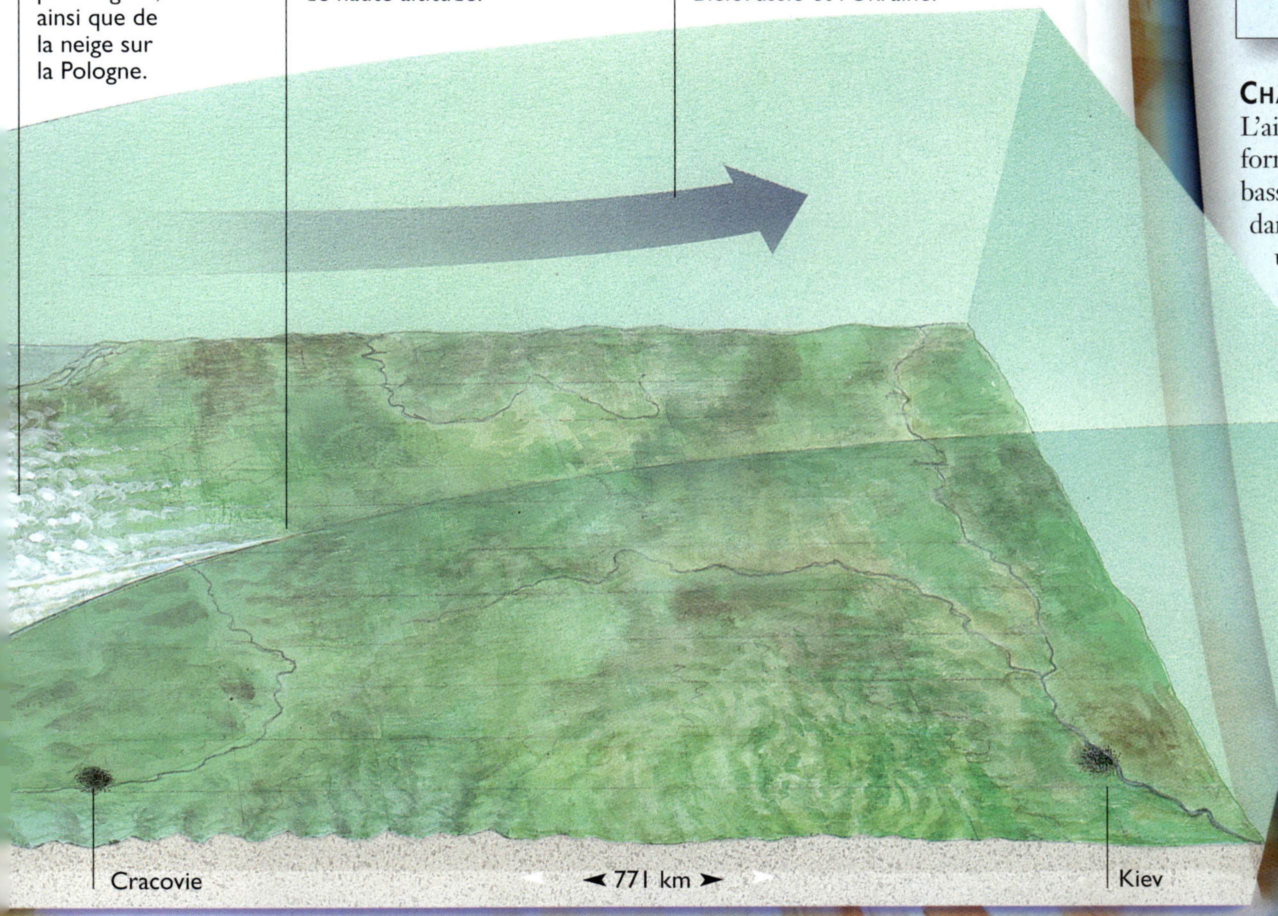

L'affrontement

Ces dessins illustrent l'interaction entre une masse d'air chaud et une d'air froid, qui donne naissance à une zone de basse pression.

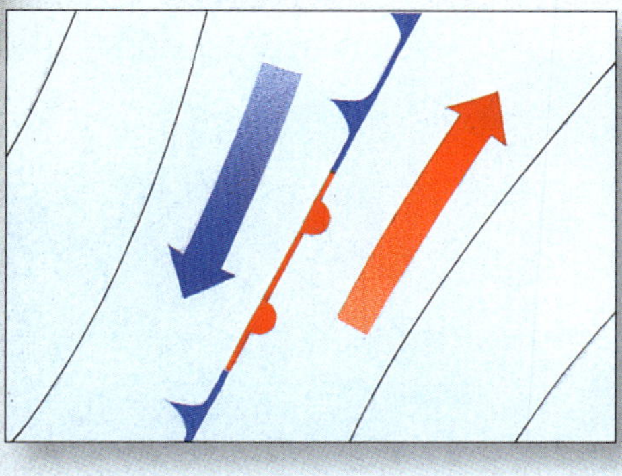

Côte à côte
Les deux masses d'air se rencontrent. Un front stationnaire commence à se former entre elles, puis de l'air chaud se met à monter au-dessus de l'air froid.

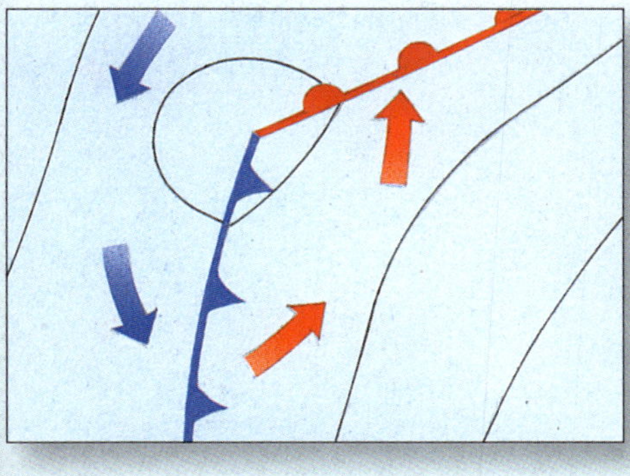

Chaud-froid
L'air chaud poursuit son ascension, formant un front chaud et une zone de basse pression. L'air froid s'engouffre dans la zone de basse pression, formant un front froid.

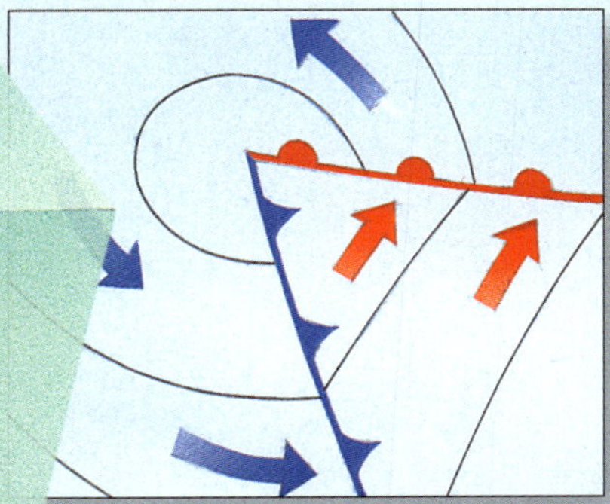

Course-poursuite
Le front froid, qui se déplace plus rapidement que le front chaud, s'enroule autour de ce dernier. Il finit par le rattraper, coupant l'approvisionnement en air ascendant. Le phénomène s'estompe alors.

Palmier

Feuillu

Conifère

Les climats

Le climat est influencé par quantité de facteurs : latitude, altitude, vents dominants, courants marins, etc. Les terres situées à proximité des pôles connaissent un climat froid, alors que les régions proches de l'équateur sont soumises à un climat chaud. Entre ces deux extrêmes se trouvent les régions tempérées, où il ne fait ni très chaud ni très froid. Le climat est généralement moins rigoureux dans les zones côtières qu'à l'intérieur des terres. Et il fait plus froid en montagne que dans les plaines.
Le climat a un effet direct sur la végétation. Les régions tropicales, chaudes et humides, possèdent des forêts denses, tandis que la végétation des régions chaudes et sèches est très pauvre, voire inexistante.

Tempéré de type nordique
Cette zone est située sous le cercle arctique. Les hivers sont longs, froids et enneigés, les étés sont doux et humides. Anchorage, en Alaska (à gauche), se situe dans cette zone.

À TOI DE JOUER

Déterminer le climat d'une région

Pour définir le climat d'une région, les scientifiques travaillent à partir de relevés de trente années d'observation météorologique. Pourquoi trente ?

1. Prends 15 cartes rouges et 15 noires d'un jeu de cartes et mélange-les.
2. Trace une longue ligne sur une grande feuille de papier.
3. Retourne les cartes une par une. Les rouges représentent une année plus chaude et plus sèche que la moyenne, les noires une année plus froide et plus humide. À mesure que tu découvres les cartes, place les rouges au-dessus de la ligne et les noires en dessous.

À la fin, tu verras qu'il y a peut-être des successions d'années chaudes ou froides mais que, sur 30 cartes, tu obtiens un équilibre entre les deux couleurs. De la même manière, les scientifiques estiment qu'une période de trente années est assez longue pour déterminer le climat moyen d'une région.

Forêt tropicale humide

Zones de végétation

Entre l'équateur et les pôles, les climats ont donné quatre zones de végétation : régions tropicales à fortes précipitations donnant des forêts luxuriantes ; zones arides pauvres en végétation ; régions tempérées abritant des forêts de feuillus ou de conifères ; régions polaires accueillant parfois de petits arbres et une végétation basse.

Désert

Histoire de mots

Tropique vient du latin *tropicus*, qui signifie « du solstice ». Le solstice est la période où la trajectoire du Soleil est la plus haute ou la plus basse. En été, le Soleil est au plus haut au-dessus du tropique du Cancer (hémisphère Nord) ou du tropique du Capricorne (hémisphère Sud).

Incroyable !

- Le point le plus chaud de la planète se trouve en Éthiopie, à Dallol, où une température moyenne de 34 °C a été relevée sur six ans.
- Le lieu le plus froid est Oïmiakon, en Sibérie (Russie), où on a relevé récemment une température de – 72 °C.

Zapping

- Comment les climats sont-ils influencés par la circulation atmosphérique ? Réponse pages 12-13.
- Comment la végétation et les animaux se sont-ils adaptés aux différents climats ? → pages 44-45.
- Comment les scientifiques étudient-ils les changements climatiques à long terme ? → pages 58-59.

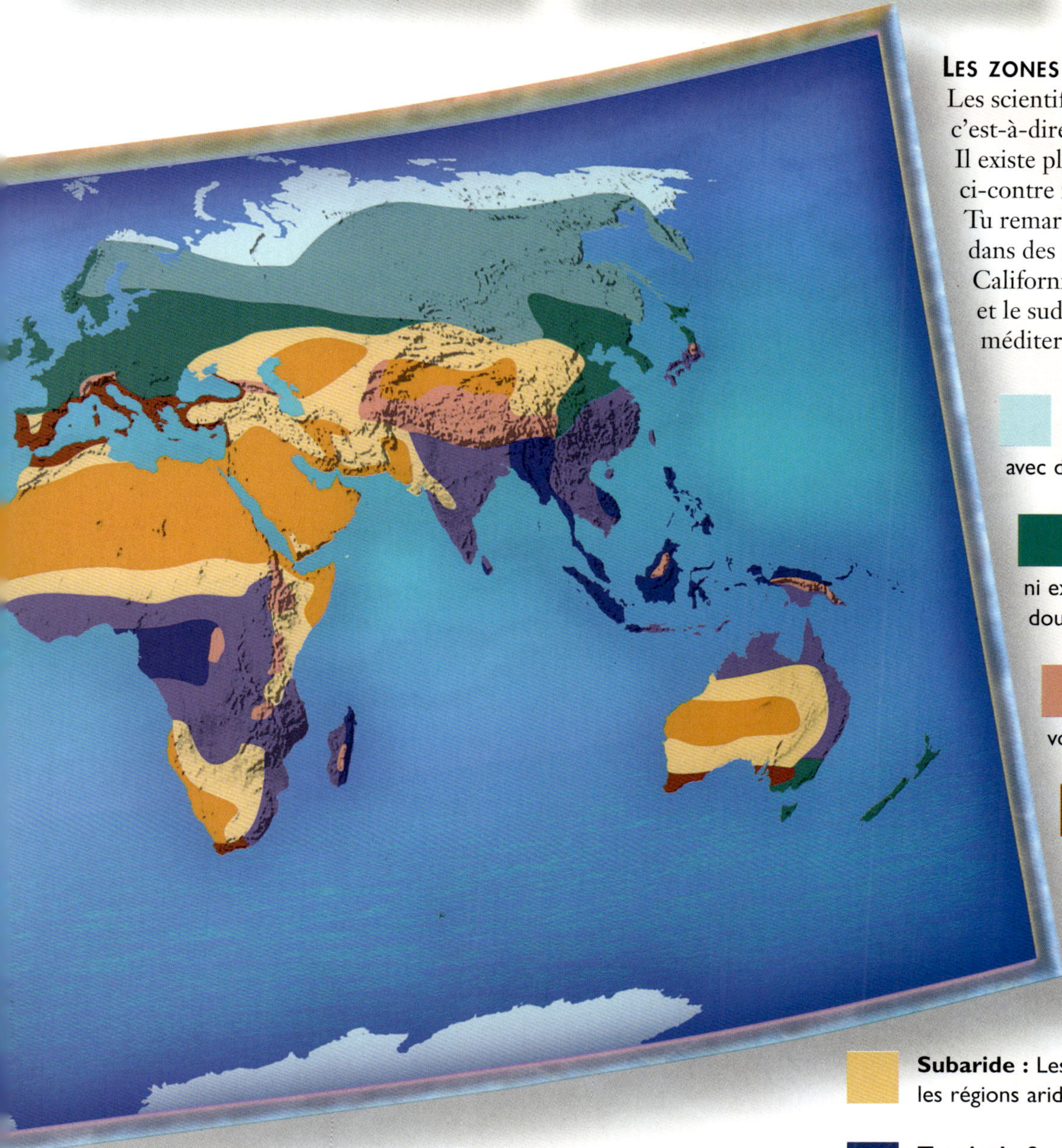

Les zones climatiques

Les scientifiques divisent la terre en zones climatiques, c'est-à-dire en régions où règne un temps comparable. Il existe plusieurs classifications des climats. La carte ci-contre représente l'un des systèmes les plus courants. Tu remarqueras que l'on peut trouver le même climat dans des régions très éloignées, comme l'ouest de la Californie, aux États-Unis, le sud-ouest de l'Australie et le sud de l'Europe, qui possèdent tous un climat méditerranéen.

Polaire : Les régions voisines du pôle Nord et du pôle Sud connaissent de longs hivers froids, avec des étés à peine plus chauds.

Tempéré : Dans les régions tempérées, quatre saisons bien distinctes se succèdent. Il n'y fait ni extrêmement chaud ni très froid. Les hivers sont doux et humides, les étés plus chauds et plus secs.

De montagne : Le climat est plus froid, humide et venteux que celui des plaines voisines, avec de fortes chutes de neige en hiver.

Méditerranéen : Dans les zones méditerranéennes, les étés sont chauds et secs, tandis que les hivers sont doux et venteux, avec de fortes averses.

Aride : Les pluies sont rares. Les journées sont souvent chaudes, les nuits, très froides, les hivers parfois rigoureux.

Subaride : Les températures sont moins extrêmes que dans les régions arides, et les précipitations un peu plus importantes.

Tropical : Sous les tropiques, il fait chaud et humide. Il y pleut une grande partie de l'année, avec une courte saison sèche.

Subtropical : Les étés y sont chauds et aussi humides que dans les régions tropicales. Les hivers y sont plus secs et plus frais.

Papillon dans le givre

Hygromètre

La ville de la brume
Au réveil, les habitants de San Francisco, aux États-Unis, découvrent régulièrement ce spectacle. La brume se forme au-dessus du Pacifique la nuit, lorsque de l'air chaud passe au-dessus de l'eau froide et se condense. Le lendemain matin, quand le sol se réchauffe, les basses pressions attirent la brume dans la baie et au-dessus des terres voisines.

L'eau dans tous ses états

L'eau est la championne des métamorphoses. À l'état de vapeur, elle est omniprésente dans l'air. Liquide, elle forme les rivières, les lacs et les mers, et tombe du ciel. Elle peut aussi devenir solide, transformant les flaques d'eau en verglas.

Ces changements d'état s'expliquent par une modification de la température et du degré d'humidité (la quantité de vapeur d'eau contenue dans l'air). L'air chaud peut emmagasiner plus de vapeur que l'air froid. Ainsi, lorsque de l'air chargé d'humidité refroidit, il ne peut plus contenir la même quantité de vapeur. L'excédent redevient liquide : on parle de condensation.

Dans l'air, l'eau se condense sur des particules de poussière ou de sel qui deviennent des cristaux lorsqu'il gèle. Si l'air est plus chaud, cela donne de minuscules gouttelettes qui peuvent s'assembler en nuages ou former de la brume ou du brouillard près du sol.

Couvert de buée
Dans une salle de bains, l'air est chargé d'humidité. Lorsqu'elle rencontre une surface froide, comme un miroir, la vapeur se condense et forme de la buée.

Histoire de mots

- **Hygromètre** vient du grec *hygros*, qui signifie « mouillé ».
- L'**advection** est un mouvement horizontal. Ce mot vient du latin *advehere*, qui signifie « transporter vers ».

Incroyable !

- À Cape Disappointment, aux États-Unis, il y a du brouillard presque un jour sur trois !
- Les particules sur lesquelles les gouttelettes d'eau se condensent dans l'air mesurent moins du dixième de la largeur d'un cheveu.

Zapping

- Comment l'eau se transforme-t-elle en vapeur ? Réponse pages 14-15.
- Comment les nuages se forment-ils ? → pages 22-23.
- Une humidité élevée peut annoncer la pluie. Comment les météorologues mesurent-ils l'humidité ? → pages 52-53.

À toi de jouer

Un hygromètre maison

Pour mesurer la proportion d'eau dans l'air, ou hygrométrie, les scientifiques utilisent un hygromètre. Construis le tien :

1. Découpe un triangle dans un papier cartonné. Colle une pièce de monnaie près de la pointe et pique une punaise à la base.
2. Fixe la punaise et le triangle sur un morceau de carton épais ou de polystyrène. Le triangle doit pouvoir bouger aisément.
3. Colle l'extrémité de trois cheveux au milieu du triangle. Puis fixe l'autre extrémité sur le haut du morceau de carton en t'assurant que les cheveux sont verticaux.
4. Fixe une languette graduée parallèle aux cheveux, qui te servira à mesurer l'hygrométrie.

Lorsque l'air est humide, les cheveux se détendent et le triangle se déplace vers le bas. Par temps sec, les cheveux se rétractent, faisant remonter le triangle. Fais l'expérience dans une salle de bains humide, puis sèche les cheveux à l'aide d'un sèche-cheveux.

La gelée blanche
Par temps clair, lorsqu'il gèle pendant la nuit, la vapeur d'eau contenue dans l'air se transforme en cristaux de glace et donne ce que l'on appelle la gelée blanche.

La famille des brouillards

Tous les types de brouillard sont le résultat d'une condensation.

Brouillard d'advection
Ce type de brouillard se forme lorsque de l'air chaud et humide passe au-dessus d'une surface froide. Un tel phénomène se produit souvent en bord de mer, quand l'air marin souffle sur la terre froide.

Brouillard de rayonnement
Lorsque la terre refroidit rapidement, l'air situé à proximité gèle. Si cet air contient beaucoup d'humidité, il se forme un brouillard de rayonnement. Ce type de brouillard commence souvent la nuit.

Stratus bas
Quand le soleil réchauffe l'air, le brouillard disparaît et les gouttelettes se transforment en vapeur. Si la terre se réchauffe vite, le brouillard peut commencer à se dissiper au niveau du sol. Il reste alors une bande de brouillard juste au-dessus du sol : le stratus bas.

Tropopause

(zone de transition entre la troposphère et la stratosphère)

Les nuages

Par temps froid, expire lentement par la bouche : un « nuage » miniature apparaîtra sous tes yeux. Quand de l'air chaud chargé d'humidité, comme celui qui sort de ta bouche, refroidit rapidement, l'humidité se condense ; elle forme un amas de gouttelettes d'eau et donc un nuage.
Dans l'atmosphère, les nuages voient le jour lorsque l'air monte et refroidit, ce qui entraîne un changement d'état de la vapeur d'eau. Au-dessus de 0 °C, la vapeur se transforme en liquide par condensation. Au-dessous du point de congélation, des cristaux de glace apparaissent. Certains nuages réunissent des gouttelettes d'eau et des cristaux de glace.
L'homme peut créer des nuages. Ainsi, lorsqu'un avion traverse de l'air très froid, il arrive que l'humidité contenue dans les gaz d'échappement forme de minuscules cristaux de glace, produisant de longs nuages auxquels on donne le nom de traînées de condensation.

Cirrostratus

Des noms qui en disent long
Du sol au sommet de la troposphère, les nuages peuvent se former à toute altitude. Leurs noms, qui sont fonction de leur altitude et de leur forme, associent les préfixes alto- et cirro- aux noms latins *stratus* (« plat ») et *cumulus* (« cotonneux »). À noter : les nuages de basse altitude n'ont pas de préfixe. D'autres termes latins servent à décrire plus précisément les nuages : *humilis* (« petit » ou « humble »), *undulatus* (« ondulé »), *fibratus* (« fibreux »), etc. Ainsi, un nuage plat de grande altitude composé de fines fibres est un cirrostratus fibratus ; un nuage de moyenne altitude cotonneux et ondulé porte le nom d'altocumulus undulatus.

Vertigineux cirrus
Ces cirrus flottent au-dessus d'une couche de stratus. Comme un froid glacial règne dans le haut de la troposphère, les cirrus sont généralement composés de cristaux de glace.

Soucoupe volante
Il arrive que d'étranges nuages en forme de disque, appelés nuages lenticulaires (altocumulus lenticularis), se forment lorsque l'air passe au-dessus des montagnes. On les prend souvent à tort pour des ovnis !

GROS PLAN

La tête dans les nuages

Durant l'été 1783, les éruptions volcaniques qui se produisirent au Japon et en Islande remplirent l'atmosphère de cendres. Le ciel se teinta de couleurs spectaculaires mettant en valeur la beauté des nuages. De plus, cet été-là, un météore spectaculaire traversa le ciel. Un jeune Anglais, Luke Howard, alors âgé de 11 ans, se découvrit une véritable passion pour les phénomènes météorologiques. En 1802, il créa un système de classification des nuages. Le Français Jean-Baptiste Lamarck avait déjà conçu un système comparable. Toutefois, celui de Howard présentait l'avantage de reposer sur le latin, une langue que nombre d'érudits maîtrisaient alors. C'est pourquoi il s'imposa dans le monde entier.

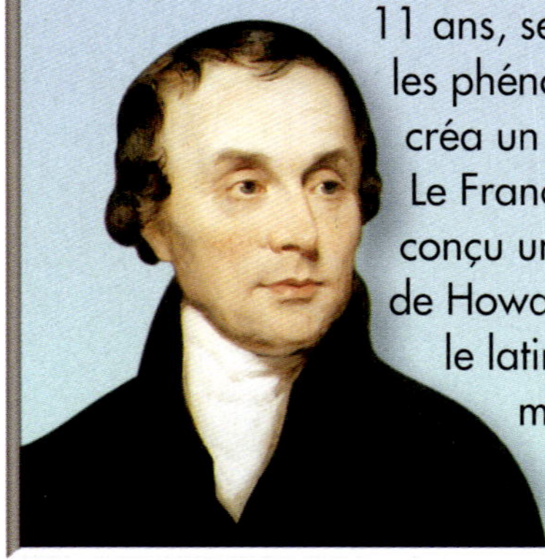

Strato-cumulus

Stratus

Histoire de mots

Orographique vient des termes grecs *oros*, « montagne », et *grafikos*, « dessiner » ou « créer ». Les montagnes sont à l'origine de la formation de nuages orographiques.

Incroyable !

- Les cumulo-nimbus, qui sont des nuages d'orage, peuvent s'élever jusqu'à 13 000 m d'altitude, soit deux fois plus haut que l'Everest.
- Un seul cumulo-nimbus peut contenir jusqu'à 100 000 tonnes d'eau.

Zapping

- Comment les gouttelettes d'eau des nuages se transforment-elles en pluie ? Réponse pages 24-25.
- Que se passe-t-il au cœur d'un nuage d'orage ? → pages 30-31.
- Qu'enseigne l'observation des nuages ? → pages 54-55.

La formation des nuages

Les nuages se forment en général lors de l'ascension d'air chaud. Ce phénomène peut avoir trois explications.

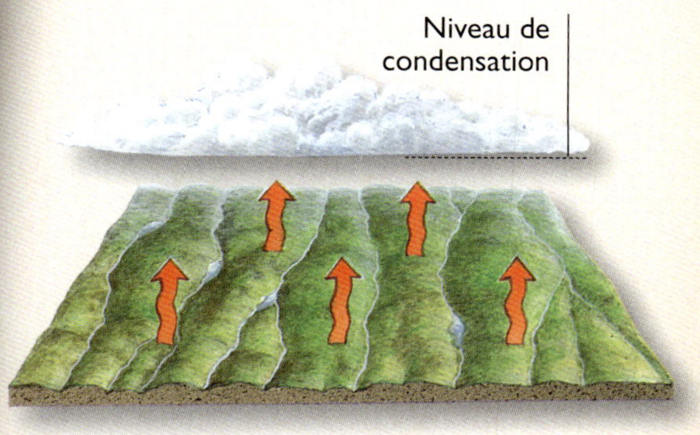

Convection

La chaleur du sol réchauffe l'air à proximité de la terre, entraînant l'ascension d'une masse d'air qui monte tant qu'elle est plus chaude que son environnement.

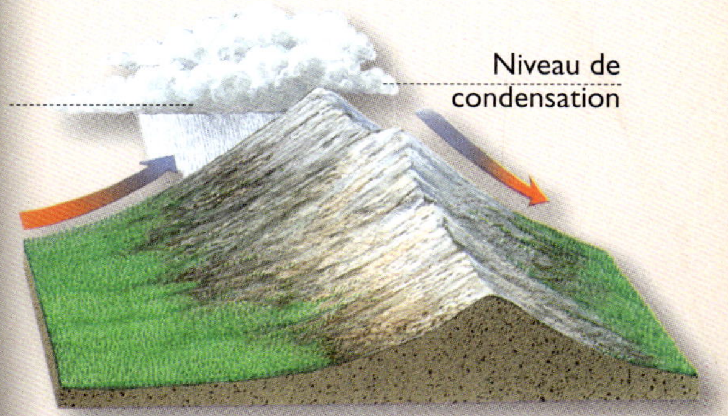

Soulèvement orographique

Lorsque l'air rencontre un massif montagneux, il est contraint de s'élever. Ce phénomène, appelé soulèvement orographique, explique qu'il y ait souvent des nuages et de la pluie sur les sommets.

Présence d'un front

Lorsque deux masses d'air de températures différentes se rencontrent sur un front, la masse d'air chaud s'élève. Si l'air chaud est chargé d'humidité, des nuages se forment.

Les précipitations

Lorsque les gouttelettes d'eau et les cristaux de glace composant les nuages atteignent une certaine taille, ils tombent au sol sous forme de précipitations : pluie, neige ou grêle. Une goutte de pluie a un diamètre environ 100 fois supérieur à celui d'une gouttelette de nuage. Comment est-ce possible ? Deux phénomènes expliquent la formation de pluie et de neige.
Le premier, appelé coalescence, se produit lorsque le vent brasse les gouttelettes d'eau au sein d'un nuage. À mesure qu'elles se percutent, les gouttelettes fusionnent et augmentent de taille. Puis elles commencent à tomber, en entraînent d'autres et grossissent encore.
Le second phénomène se produit lorsque, à des températures proches du point de congélation, des gouttelettes d'eau s'agglutinent à des cristaux de glace. Les cristaux épaississent jusqu'à ce qu'ils soient assez lourds pour tomber.

Tailles respectives d'une goutte de pluie et d'une gouttelette de nuage

Dans l'air glacial, les gouttelettes d'eau s'agglutinent aux cristaux de glace, qui grossissent progressivement avant de tomber.

Dans l'air plus chaud, les gouttelettes d'eau se percutent et fusionnent. C'est la coalescence. Lorsque les gouttes d'eau atteignent une certaine taille, elles tombent.

Si la température de l'air sous le nuage est positive, les gouttelettes d'eau et les cristaux de glace atteignent le sol sous forme de pluie. Si l'air est plus froid, les cristaux restent gelés et tombent au sol sous forme de neige ou de pluie givrante.

Les différentes précipitations

Un gros cumulo-nimbus peut produire tous les types de précipitations. La nature de ces précipitations dépend de la manière dont elles se forment et de la température de l'air séparant le nuage du sol.

GROS PLAN

Le faiseur de pluie

En 1902, l'Américain Charles Hatfield affirma avoir découvert un procédé permettant d'agir sur les chutes de pluie. En 1915, il proposa de mettre fin à la sécheresse affectant San Diego moyennant 10 000 dollars. Il se mit au travail et, quelques jours plus tard, la pluie se mit à tomber. Pendant des semaines, des trombes d'eau s'abattirent : des barrages débordèrent, des maisons furent inondées, des ponts emportés par les flots. Rien ne permit de prouver que c'était bien Hatfield qui avait provoqué la pluie. Néanmoins, les autorités l'accusèrent. Hatfield réclama sa rémunération, mais il ne fut jamais payé.

Neige et pluie

Les chutes de pluie et de neige portent des noms différents selon leur durée, leur intensité et la forme qu'adoptent les précipitations en touchant le sol.

Les pluies et leurs noms

Une pluie peut être plus ou moins importante. La forme la plus légère est la bruine, ou crachin. La pluie qui s'évapore avant d'avoir touché le sol s'appelle virga. Une pluie givrante se transforme en glace avant de toucher le sol. Les gros cumulo-nimbus (à gauche) provoquent plutôt des averses localisées, tandis que les épais nuages stratiformes donnent des pluies prolongées.

Histoire de mots

Virga est un mot latin qui signifie « strie » ou « baguette ». La virga (pluie qui s'évapore avant d'avoir touché le sol) forme des stries dans le ciel qui s'estompent légèrement au-dessus du sol.

Incroyable !

- Le mont Waialeale (Hawaii) est l'endroit le plus pluvieux de la planète (350 jours de pluie par an).
- Les plus gros grêlons sont tombés au Bangladesh en 1986 : ils pesaient 1 kg et ont fait 92 victimes.

Zapping

- Quel rapport y a-t-il entre les orages et la formation de la grêle ? Réponse page 30.
- Quelle peut être la conséquence de très fortes pluies ? → pages 38-39.
- Veux-tu en savoir davantage sur la forme des cristaux de glace ? → pages 42-43.

La grêle se forme lorsque les particules de glace sont brassées par des courants aériens (représentés par des flèches) au sein d'un nuage. À mesure que les particules se déplacent, elles se chargent en humidité qui gèle, formant plusieurs couches de glace.

Une averse violente

Tu connais peut-être ces expressions qui décrivent une forte pluie : « Il pleut des cordes » ou « Il pleut des hallebardes ». En anglais, on dit *It's raining cats and dogs* : « Il pleut des chats et des chiens. »

La neige

Lorsque l'air dans lequel tombe la neige est très froid, il se forme des flocons secs qui donnent de la neige poudreuse. Les températures plus proches de 0 °C produisent des flocons plus humides et gros, qui collent facilement : l'idéal pour faire des boules de neige !

Qu'importe le flocon

Les flocons de neige sont formés de cristaux de glace qui se regroupent en une infinie variété de formes, en fonction de la température et de l'humidité de l'air.

Rayon vert

La magie des couleurs

Les lumières du ciel sont changeantes : bleu, gris clair ou ardoise, multicolore lorsqu'un arc-en-ciel barre l'horizon, jaune, orange ou rouge à mesure que la lumière diminue.

La lumière du soleil paraît blanche, mais elle se compose des sept couleurs du spectre : rouge, orange, jaune, vert, bleu, indigo et violet. Lorsqu'on voit toutes ces couleurs simultanément, elles se mêlent jusqu'à former du blanc. Toutefois, certains éléments de l'atmosphère diffusent, reflètent et réfractent ces couleurs. Par moments, nous n'en voyons donc qu'une, ou un mélange de quelques-unes, ou encore plusieurs distinctement.

Les gouttes de pluie réfractent le spectre : nous voyons alors sept bandes de couleurs. La vapeur d'eau et la poussière diffusent les couleurs. Certaines sont plus facilement diffusées que d'autres, de sorte que la teinte du ciel varie selon l'angle du soleil et la quantité de poussière et de vapeur d'eau présente dans l'air.

Les couleurs du ciel
L'oxygène et les poussières de l'air diffusent plus facilement le bleu que le rouge. Ainsi, lorsque le soleil est haut dans le ciel et que l'air est limpide, un mélange de violet, d'indigo, de bleu et de vert est diffusé dans le ciel, qui devient bleu. Le soir, lorsque le soleil est plus bas sur l'horizon, la lumière doit traverser davantage de poussières et de vapeur. Ce sont les couleurs à dominante rouge qui sont diffusées, et le ciel se teinte de jaune, puis d'orange et de rouge.

À TOI DE JOUER

Crée ton propre arc-en-ciel

1. Remplis une bassine d'eau, puis pose un miroir dans l'eau en l'inclinant. Pour qu'il tienne, tu devras peut-être le fixer au fond de la bassine avec de la pâte à modeler.
2. Installe la bassine de manière que les rayons du soleil traversent l'eau et touchent le miroir. Tiens une feuille de papier blanc devant le miroir et déplace-la lentement : tu verras un arc-en-ciel sur ta feuille.

Tout comme les gouttes d'eau réfractent et reflètent la lumière du soleil, formant un arc-en-ciel dans le ciel, l'eau et le miroir provoquent la réfraction et la réflexion de la lumière.

Lumière électrique
Des phénomènes spectaculaires lumineux et colorés, appelés aurores, se produisent parfois dans le ciel, au-dessus des pôles. C'est le cas lorsque des particules chargées d'électricité par le soleil rencontrent des molécules d'oxygène et d'azote dans l'atmosphère. La couleur de l'aurore dépend de la nature de ces molécules.

Toutes les couleurs sont diffusées de la même manière.

Un mélange qui donne du blanc
Les gouttelettes d'eau des nuages diffusent de la même manière toutes les couleurs de la lumière solaire blanche, ce qui explique que les nuages sont blancs. S'ils semblent gris, c'est parce qu'ils se trouvent à l'ombre d'un autre nuage ou qu'ils bloquent le passage du soleil.

Histoire de mots

• **Aurore** vient du nom de la déesse romaine de l'Aube.
• **Spectre** (ensemble des couleurs perceptibles par l'œil) vient du mot latin *spectrum*, « apparition ».
• **Halo** vient du grec *halos*, « disque de Soleil ou de Lune ».

Incroyable !

D'ordinaire, les arcs-en-ciel ne durent qu'un court instant. Le 14 mars 1994, en Angleterre, un arc-en-ciel est resté visible pendant six heures, de 9 heures à 15 heures, battant tous les records.

Zapping

• Sais-tu désigner les nuages par leur nom scientifique ? Réponse page 22.
• Comment les gouttelettes d'eau et les cristaux de glace contenus dans les nuages se transforment-ils en pluie ? → pages 24-25.

Jeux de lumière

Les gouttelettes d'eau et les cristaux de glace réfractent la lumière blanche, qui se décompose dans les différentes couleurs du spectre en créant divers phénomènes aussi étonnants que fascinants.

Nuage irisé
Il arrive que des gouttelettes d'eau contenues dans un nuage de forme irrégulière donnent naissance à une tache de couleur. On parle d'iridescence.

Halo
Lorsque les rayons du soleil traversent une fine épaisseur de nuages formés de cristaux de glace haut dans le ciel, un anneau coloré, ou halo, peut apparaître autour du soleil.

Arc-en-ciel
Non seulement les gouttes de pluie réfractent la lumière du soleil, mais elles la reflètent. Chaque couleur est renvoyée sous un angle légèrement différent, formant des bandes régulières dans le ciel.

LE TEMPS EN COLÈRE

Régulièrement, les éléments se déchaînent : les nuages noircissent, les vents soufflent furieusement et des éclairs strient le ciel. En été, des cyclones menacent les régions côtières sous les tropiques, tandis qu'en hiver, dans les régions froides, les tempêtes de neige paralysent tout. Même les régions tempérées peuvent être dévastées par des vents violents ou des inondations. Comme ces perturbations constituent une menace grave pour les personnes et les biens, les scientifiques s'efforcent de les prévoir avec précision pour minimiser les risques.

page **30** Pourquoi la forme de ce nuage indique-t-elle qu'un orage va éclater ?

Cap sur LES ORAGES

page **32** Le savais-tu ? Tu peux fabriquer un éclair miniature dans ta cuisine.

Cap sur LES ÉCLAIRS

page **34** Comment se forment les tourbillons des tornades ?

Cap sur LES TORNADES

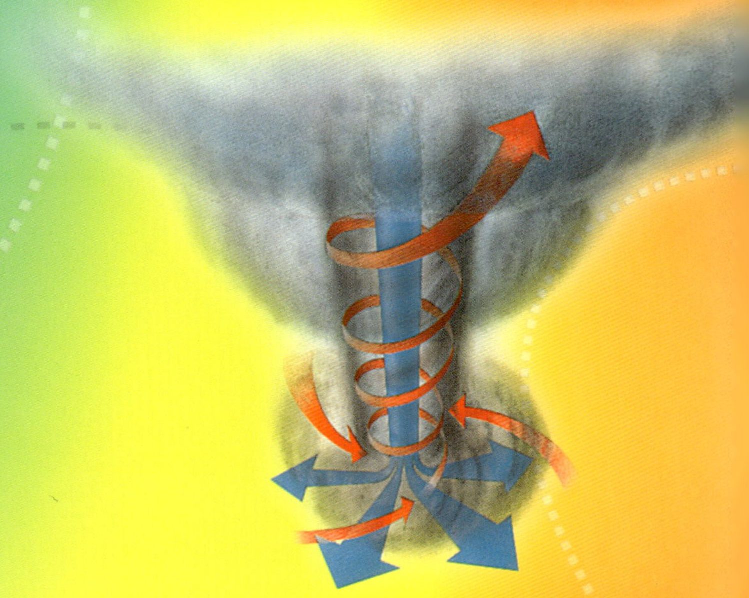

Piléus au-dessus d'un cumulus

Cumulo-nimbus et son enclume

Mammatus sous l'enclume

Les orages

Que se passe-t-il avant qu'un orage se déclenche ? Des courants aériens ascendants chauds et humides poussent la vapeur d'eau vers le haut. À mesure que l'air refroidit, la vapeur se transforme en nuage. L'air poursuit son ascension tant qu'il est plus chaud que son environnement, et le nuage grossit. Si l'air monte vite, il arrive qu'un petit nuage en capuchon (piléus) se forme au-dessus du nuage principal. Ce signe ne trompe pas : un orage se prépare.

Un cumulo-nimbus (nuage d'orage) peut croître durant toute son ascension vers la tropopause. Là, il refroidit et s'étend. Un sommet plat (enclume) se forme alors. Si les courants ascendants sont puissants, une partie du nuage peut traverser la tropopause et former une protubérance. L'air de la partie supérieure du cumulo-nimbus commence alors à descendre. L'interaction des courants ascendants et descendants entraîne un accroissement de la taille des gouttelettes d'eau et des cristaux de glace, qui se transforment en pluie ou en grêle. Elle explique aussi l'apparition de charges électriques opposées déclenchant les éclairs.

GROS PLAN

Lâché dans l'orage

Le 27 juillet 1959, William H. Rankin, pilote de l'US Marine Corps, actionna le siège éjectable de son avion endommagé et ouvrit son parachute. Il se retrouva en plein orage et fut projeté sur le côté par de puissants courants aériens. La température avait chuté bien au-dessous de 0 °C. Il fut frappé par des grêlons et trempé par la pluie au point qu'il craignit de périr noyé en plein ciel. Le tonnerre grondait si fort qu'il crut devenir sourd, et aveugle tant les éclairs l'éblouissaient. Après quarante minutes de montagnes russes célestes, Rankin entama sa descente vers le sol. Il devint ainsi l'un des rares pilotes à sortir sain et sauf d'un saut en parachute dans un violent orage.

Bulles nuageuses
D'étranges protubérances, appelées mammatus, se forment à la base des nuages d'orage. Ce phénomène se produit lorsque des courants descendants puissants poussent des masses d'air chaud et humide vers une zone d'air plus froid. L'humidité se condense alors, et des nuages semblables à des bulles voient le jour. Comme les mammatus indiquent l'existence de courants aériens puissants, les avions évitent de les traverser.

Histoire de mots

Un **piléus** est un petit nuage en capuchon qui se forme au-dessus d'un nuage principal et annonce l'orage. Ce mot vient du latin *pileus*, qui désigne le bonnet en feutre que portaient les Romains.

Incroyable !

- En cet instant même, environ 2 000 orages se produisent aux quatre coins du monde.
- La ville de Tororo, en Ouganda, totalise le plus grand nombre de journées d'orage par an : 250 en moyenne.

Zapping

- Comment les gouttelettes d'eau et les cristaux de glace se transforment-ils en pluie, neige et grêle ? Réponse pages 24-25.
- Comment se forment les éclairs ? → pages 32-33.
- Comment les orages peuvent-ils donner naissance à des vents très violents ? → pages 34-35.

Les orages multicellulaires
Selon qu'ils se composent d'un nuage unique ou d'un amas de nuages, les orages sont dits unicellulaires ou multicellulaires. Cette photo spectaculaire, prise par la navette spatiale américaine *Discovery*, montre un système multicellulaire au-dessus du Pacifique, près d'Hawaii.

Au pied du mur
Ce gigantesque cumulo-nimbus s'approche de la ville de Darwin, dans le nord de l'Australie. Le large bord en saillie qui se trouve à sa base est appelé un mur. Il indique souvent un orage particulièrement violent qui peut être porteur de pluies torrentielles, de vents puissants ou de grêle.

La vie d'un orage

Un orage se compose généralement de trois phases. La durée du cycle varie de quinze minutes à plusieurs heures.

Naissance
Les courants aériens ascendants entraînent de la vapeur d'eau vers de l'air plus frais. L'humidité se condense : un cumulus se forme.

Apogée
Le cumulo-nimbus s'élève jusqu'à la tropopause puis s'étend en formant une enclume. L'air commence à descendre.

Dissipation
Peu à peu, les courants descendants l'emportent sur les courants ascendants. L'alimentation de l'orage en air chaud ascendant s'interrompt. Le nuage se désintègre.

Conseil en cas d'orage : tu seras à l'abri de la foudre dans une voiture.

Conseil en cas d'orage : ne prends pas de douche ni de bain.

Les éclairs

Qu'est-ce qui se déplace à 100 000 km/s, peut atteindre une température de 30 000 °C et ne dure qu'un millième de seconde ? Réponse : l'éclair.

Les éclairs sont dus à l'accumulation de charges électriques de signes opposés au sein d'un nuage d'orage. Les courants ascendants poussent des charges positives vers le haut et les courants descendants poussent des charges négatives vers le bas. Ces charges s'attirent. Lorsque l'attraction devient trop forte, l'électricité saute d'une zone à l'autre, ce qui nous apparaît sous la forme d'une ligne blanche irrégulière, l'éclair.

La chaleur dégagée par la décharge entraîne une expansion et une contraction de l'air créant un roulement ou un claquement violent, le tonnerre. Comme la vitesse du son est inférieure à celle de la lumière, il arrive qu'on entende le tonnerre plusieurs secondes après avoir vu l'éclair. Les charges négatives de la partie inférieure du nuage peuvent aussi être attirées par des charges positives au sol : la foudre frappe alors le sol.

Son et lumière

Bien que l'éclair donne l'impression de se composer d'une ligne, l'électricité effectue en réalité un mouvement de va-et-vient entre les deux zones abritant les charges, à quatre reprises en moyenne. Ce phénomène produit une lumière vacillante. Pour évaluer la distance qui te sépare du lieu d'impact de la foudre, compte le nombre de secondes qui séparent l'éclair du tonnerre, puis divise-le par trois : tu obtiendras le nombre de kilomètres.

Boule de feu

Il arrive que l'éclair prenne la forme d'une boule qui se déplace avant de disparaître ou d'exploser. Ce phénomène rare est appelé « éclair en boule ».

Éclair nuage-nuage

L'éclair peut se produire à l'intérieur d'un nuage ou entre des charges opposées de nuages voisins.

À la vitesse de l'éclair

La plupart des éclairs se produisent à l'intérieur des nuages, mais il arrive qu'ils partent dans d'autres directions. Les trois types d'éclairs les plus courants sont présentés ci-contre.

Histoire de mots

Au cours d'un orage, lorsque des charges électriques s'accumulent, des étincelles apparaissent quelquefois au-dessus d'objets élevés situés sous le nuage. Les navigateurs qui ont remarqué ce phénomène au-dessus du mât de leur bateau l'ont baptisé **feu de Saint-Elme**, du nom du saint patron des marins.

Incroyable !

- Toutes les secondes, la foudre touche la surface de la terre à 100 reprises environ.
- On dit que la foudre ne tombe jamais deux fois au même endroit, ce qui est totalement faux. L'Empire State Building, à New York, est frappé par la foudre près de 500 fois par an.

Zapping

- Quels sont les différents types de nuages ? Réponse pages 22-23.
- De puissants courants aériens ascendants et descendants seraient peut-être à l'origine des orages. Pourquoi ? → pages 30-31.
- La foudre fait plus de victimes que les tornades. Que font les météorologistes lorsqu'un orage violent est prévu ? → pages 56-57.

À TOI DE JOUER

Coup de foudre en cuisine

Prends une feuille de plastique, une jatte métallique, un gant en plastique et une fourchette. Installe-toi dans une pièce sombre.

1. Fixe la feuille de plastique sur une table avec du ruban adhésif.
2. Avec le gant, prends le récipient et frotte-le sur la feuille de plastique.
3. Saisis la fourchette dans l'autre main et approche-la de la jatte : tu verras une étincelle.

Lorsque tu frottes le récipient, tu crées de l'électricité statique. Près d'un objet à charge opposée (la fourchette), elle se décharge en formant un éclair.

Éclair nuage-sol
Lorsqu'il y a une charge positive au sol, l'éclair frappe vers le bas depuis la base d'un nuage d'orage.

Éclair nuage-air
L'électricité se déplace du nuage vers une masse d'air de charge opposée.

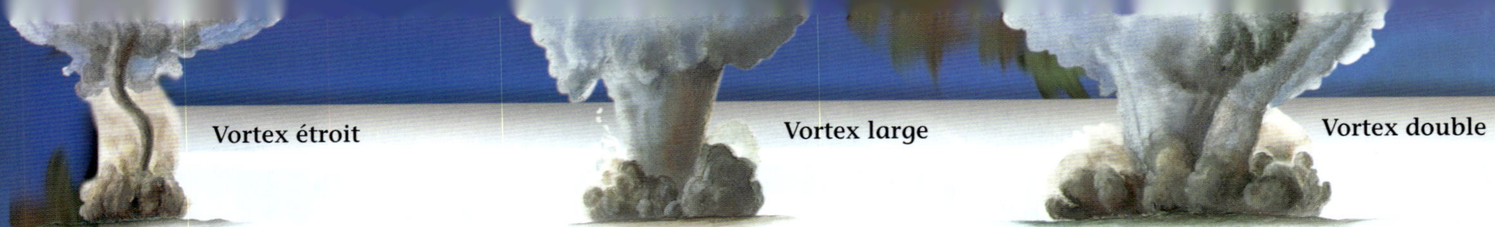

Les tornades

Tout commence avec un gigantesque nuage d'orage. De sa base dense et noire, une forme rappelant un entonnoir se dirige vers le sol. Lorsqu'elle touche terre, un nuage composé de poussières et de débris se met à tourbillonner. Les objets sont projetés dans les airs. La colonne grossit lentement et on entend un rugissement assourdissant : une tornade s'approche ! Ce tourbillon d'air peut dépasser 1 km de diamètre, se déplacer à plus de 100 km/h et générer des vents de 500 km/h.

Les tornades sont très fréquentes aux États-Unis, où il s'en produit plus de 1 000 chaque année. Une région est particulièrement touchée, le « couloir des tornades », bande de terre étroite qui part du Texas et traverse l'Oklahoma, le Kansas, le Missouri et le Nebraska.

Ces perturbations sont plus rares dans le reste du monde. Toutefois, si tu penses qu'une tornade se prépare, mets-toi immédiatement à l'abri dans une cave ou une pièce aveugle, en te cachant sous un lit.

Trombe d'eau
Lorsqu'une tornade passe au-dessus d'un plan d'eau, elle crée une trombe. L'air ascendant aspire non pas de la poussière mais de l'humidité, qui se condense pour former une colonne d'eau. Généralement moins violentes que les tornades, les trombes peuvent tout de même faire chavirer les bateaux.

Ballet aérien
Des tourbillons d'air se produisent lorsque des vents de travers provoquent la rotation d'un courant d'air ascendant. Il arrive que l'air se charge de poussière, devenant plus visible.

GROS PLAN

La chasse est ouverte

Quand ils voient apparaître un gros nuage d'orage, la plupart des gens qui vivent dans le « couloir des tornades », aux États-Unis, prennent leurs jambes à leur cou pour se mettre à l'abri. Warren Faidley, lui, attrape son appareil photo, grimpe dans son camion et fonce droit sur le danger. Tous les printemps, ce photographe surnommé le « chasseur d'orages » sillonne le centre des États-Unis à la poursuite des tornades.

En mai 1993, il a réussi à filmer sept tornades en une seule journée, au Texas. En 1997, il a réalisé le premier film de cinéma consacré à ce phénomène. À ce jour, il a pris des milliers de clichés de tornades, qui ont été publiés dans quantité de pays.

Alors qu'il réalisait ces photos, Warren a failli être foudroyé et presque aspiré hors de sa voiture. Cela ne l'empêche pas de continuer sa quête inlassable du cliché parfait…

Histoire de mots

- **Tornade** vient de l'espagnol *tornado*, qui signifie « orage ».
- **Vortex** est issu du latin *vertex*, qui signifie « tourbillon », lui-même tiré du verbe *vertere*, qui veut dire « tourner ».

Incroyable !

- En 1915, au Kansas, une tornade a soulevé un sac de farine de 2 kg pour le faire retomber 175 km plus loin.
- Le vent le plus violent mesuré lors d'une tornade a été enregistré au Texas en 1958 : 450 km/h.
- Les 3 et 4 avril 1974, 148 tornades ont été dénombrées en une journée dans le sud et l'ouest des États-Unis.

Zapping

- Les tornades naissent durant les orages. Quelle est l'origine des orages ? Réponse pages 30-31.
- Les tornades s'accompagnent souvent d'éclairs. Veux-tu en savoir plus sur ce phénomène ? → pages 32-33.

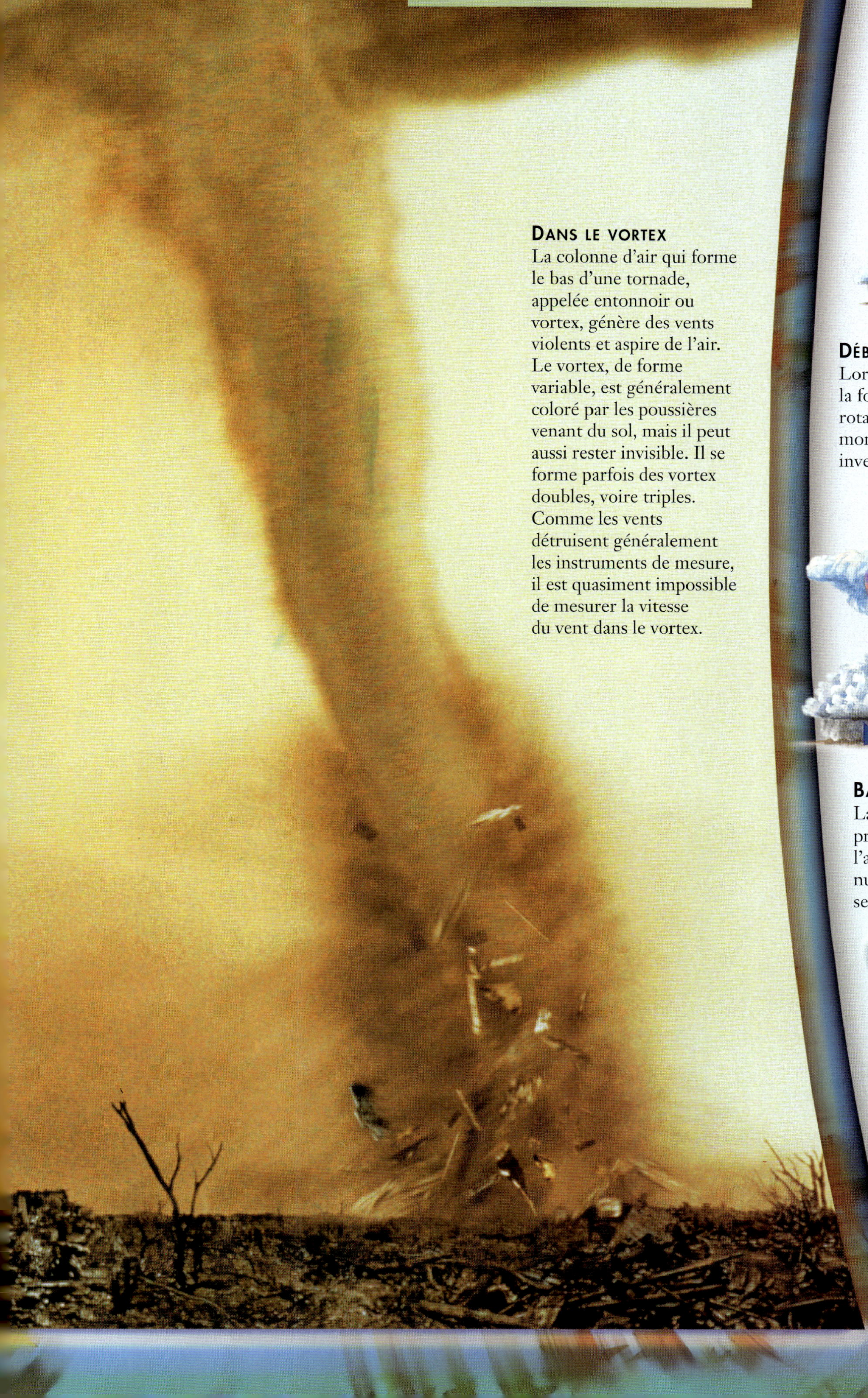

Dans le vortex
La colonne d'air qui forme le bas d'une tornade, appelée entonnoir ou vortex, génère des vents violents et aspire de l'air. Le vortex, de forme variable, est généralement coloré par les poussières venant du sol, mais il peut aussi rester invisible. Il se forme parfois des vortex doubles, voire triples. Comme les vents détruisent généralement les instruments de mesure, il est quasiment impossible de mesurer la vitesse du vent dans le vortex.

La naissance d'une tornade

Toujours associées à des orages violents, les tornades se développent généralement de la manière suivante :

Début du tourbillon
Lorsqu'un gros nuage d'orage se forme, la force de Coriolis peut entraîner sa rotation, dans le sens des aiguilles d'une montre dans l'hémisphère Sud et en sens inverse dans l'hémisphère Nord.

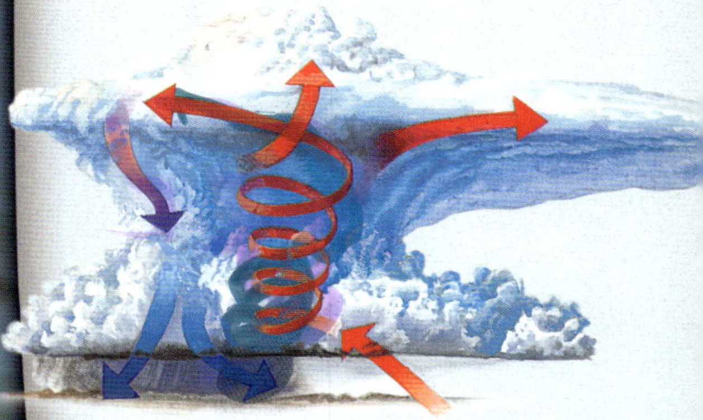

Baisse de pression
La rotation provoque une baisse de pression au centre de l'orage, ce qui attire l'air chaud et accélère la rotation du nuage. Une colonne d'air tourbillonnante se crée au milieu du nuage.

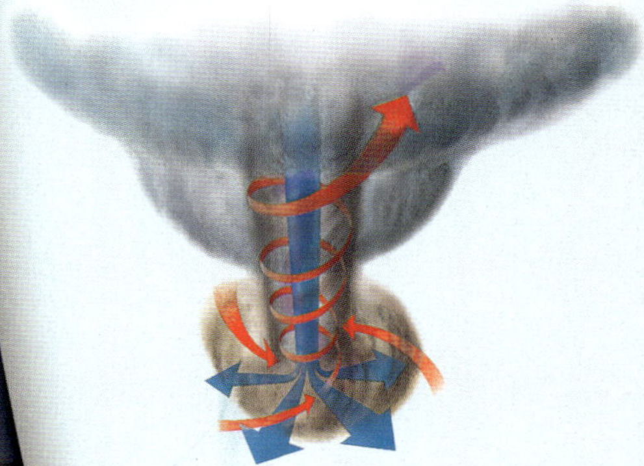

Effet tire-bouchon
À l'instar d'un tire-bouchon s'enfonçant dans le liège, la colonne descend progressivement dans le nuage avant d'en sortir pour toucher le sol.

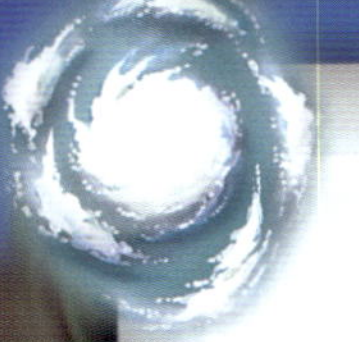

Évolution d'un cyclone tropical.
1er jour : un amas de nuages d'orage se forme.

2e jour : les nuages se mettent à tourner.

3e jour : la forme en spirale se précise.

Les cyclones

Le cyclone est un système orageux en spirale qui se forme au-dessus de la mer. Pouvant atteindre 800 km de diamètre, il s'accompagne de pluies torrentielles, de vents violents et d'une gigantesque marée. Cette perturbation naît en été au-dessus des mers tropicales. On l'appelle typhon en Asie du Sud-Est, ouragan dans l'océan Indien et aux Antilles. Tout commence par un amas de nuages d'orage qui se met à tourner s'il dérive au-delà de 5° nord ou sud. Plus il s'éloigne de l'équateur, plus sa rotation s'accélère. Le centre du cyclone, appelé œil, est une zone calme de très basse pression, d'où les nuages et les vents puissants sont généralement absents. Un cyclone qui atteint la terre peut provoquer des inondations, avec des vents destructeurs. Mais, dès qu'il quitte la mer, privé de sa source de chaleur et d'humidité, il s'affaiblit pour se dissiper.

GROS PLAN
Dans l'œil du cyclone

Attache ta ceinture, ça va bouger ! Bienvenue à bord d'un vol du 53e escadron de reconnaissance météo. Direction : l'œil d'un ouragan qui sévit dans l'État du Mississippi. Deux heures après le décollage, tu atteins la perturbation. Dans les nuages noirs, l'avion est secoué. La pluie et la grêle cinglent les hublots. Il règne une quasi-obscurité déchirée d'éclairs. Arrivé au mur de l'œil, l'avion chute soudain. Puis, tout d'un coup, c'est le silence. Le soleil fait son apparition, le ciel devient bleu : tu es dans l'œil du cyclone.

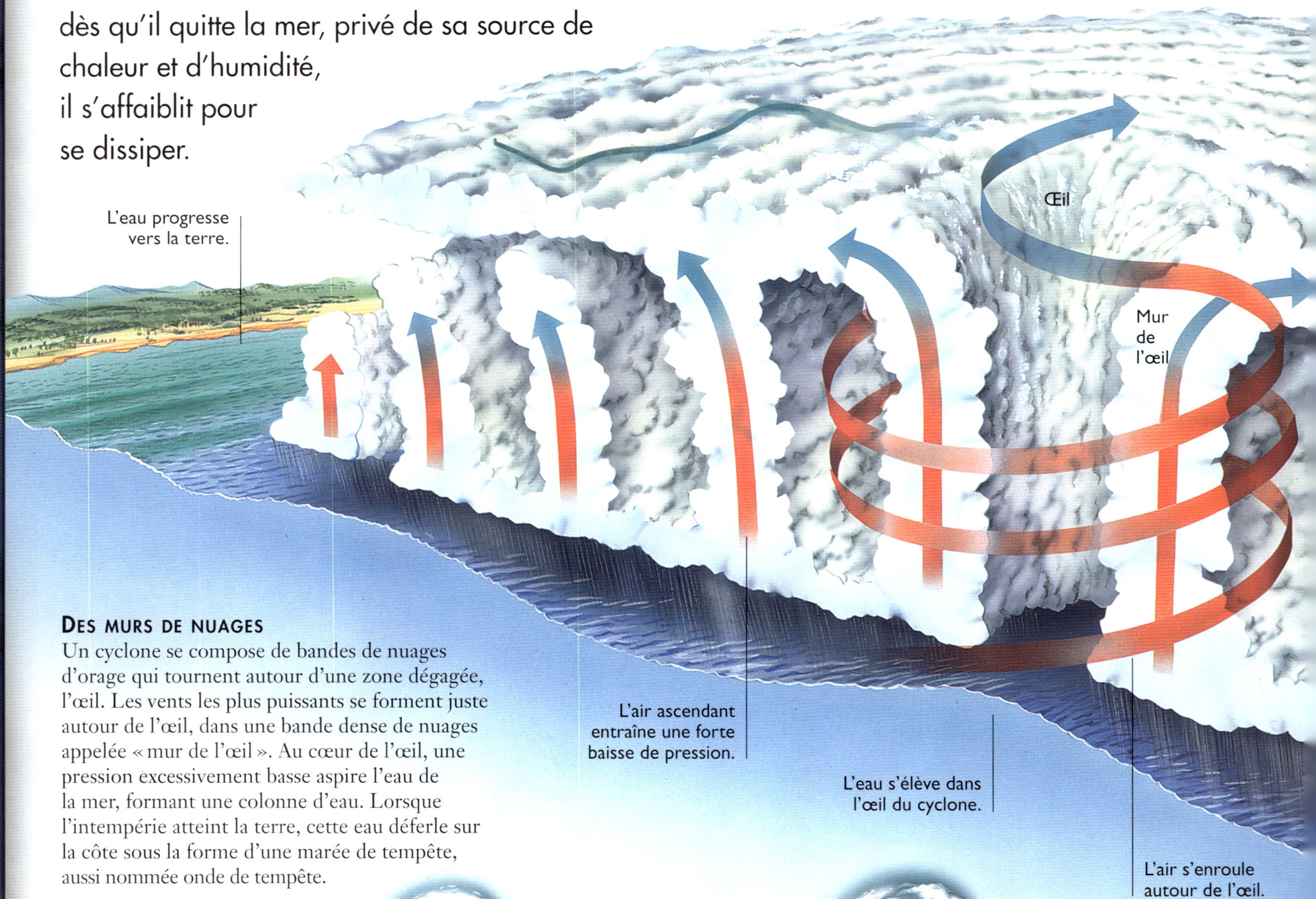

Des murs de nuages
Un cyclone se compose de bandes de nuages d'orage qui tournent autour d'une zone dégagée, l'œil. Les vents les plus puissants se forment juste autour de l'œil, dans une bande dense de nuages appelée « mur de l'œil ». Au cœur de l'œil, une pression excessivement basse aspire l'eau de la mer, formant une colonne d'eau. Lorsque l'intempérie atteint la terre, cette eau déferle sur la côte sous la forme d'une marée de tempête, aussi nommée onde de tempête.

6e jour : le cyclone à maturité présente un œil très net.

12e jour : le cyclone se dissipe après avoir gagné la terre ferme.

Histoire de mots

Au XIIIe siècle, un typhon anéantit une flotte mongole qui s'apprêtait à attaquer le Japon. Convaincus que le typhon avait été envoyé pour les protéger, les Japonais l'appelèrent **kami-kaze**, ou « vent divin ».

Incroyable !

Un cyclone ne peut pas traverser l'équateur, parce que la force de Coriolis y est nulle. En conséquence, dès qu'il s'approche de l'équateur, le mouvement de rotation cesse et le cyclone se dissipe.

Zapping

• Comment la pluie se forme-t-elle dans les nuages ? Réponse pages 24-25.
• Veux-tu voir une image infrarouge de l'œil d'un cyclone ? → pages 52-53.
• Comment les météorologues font-ils leurs prévisions ? → pages 54-55.

Sens dessus dessous
Les vents puissants générés par les cyclones peuvent détruire des bâtiments, déraciner des arbres et retourner des objets aussi lourds que des voitures ou des bateaux.

En attendant Elena
Lorsque le cyclone Elena a touché le golfe du Mexique, en 1985, les autorités américaines ont fait déplacer 1 million de personnes en Floride et en Louisiane : cette évacuation fut la plus grosse réalisée par temps de paix dans l'histoire du pays.

Alerte au cyclone

Une fois identifié, le cyclone est baptisé (on se sert alternativement de noms masculins et de noms féminins) ; puis il est surveillé en permanence par les services météorologiques locaux.

Suivi à la trace
Lorsque le cyclone arrive à portée des radars côtiers, les équipes des services météorologiques locaux sont en mesure de le suivre.

Cyclone modèle
Les données provenant des radars et des satellites servent à créer des modèles informatiques, qui permettent aux scientifiques d'évaluer la violence d'un cyclone pour informer la population.

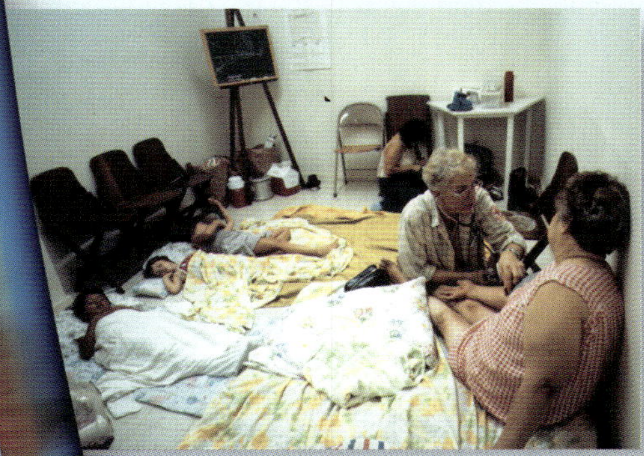

À l'abri
Lorsqu'un cyclone s'apprête à gagner la terre, les autorités peuvent demander aux populations de s'éloigner ou de se réfugier dans des abris.

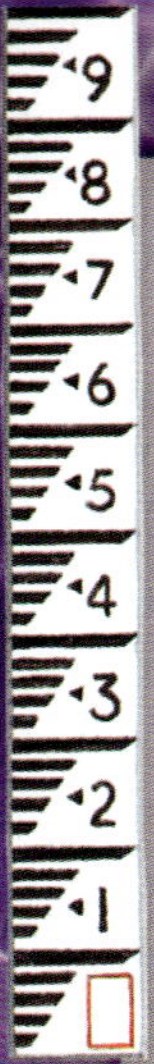

Échelle servant à mesurer les crues de rivières

Sacs de sable utilisés pour contenir les eaux

Les inondations

On distingue trois types d'inondations : les inondations côtières, les crues de rivières et les crues-éclairs. Les premières se produisent lorsque des vents violents donnent naissance à d'énormes vagues qui déferlent sur les côtes avant d'envahir l'intérieur des terres. Certaines sont dues à des cyclones et provoquent de gigantesques marées appelées ondes (ou marées) de tempête.
Les crues de rivières surviennent quand les cours d'eau débordent, en général après des pluies diluviennes. La montée progressive des eaux laisse généralement le temps d'évacuer les populations.
Les crues-éclairs sont très rapides et souvent meurtrières. Elles commencent avec des pluies torrentielles ou un lâcher de barrage qui remplissent un canal en pente, comme un canyon. Ce dernier concentre et accélère le débit de l'eau et les flots dévastent tout sur leur passage.
Dans les régions inondables, les hommes construisent des murs, des digues, des barrages ou des levées, mais il arrive que ces protections cèdent brusquement et ne puissent plus assurer leur fonction.

Grandes eaux
En octobre 2000, dans le nord-est de l'Italie, des pluies diluviennes ont provoqué la formation de torrents qui se sont engouffrés dans les maisons. Sous la pression, les barrages destinés à retenir les eaux ont cédé.

Mississippi blues
En 1993, des pluies d'été diluviennes ont provoqué la crue du Mississippi, au centre des États-Unis. Plus de 31 200 km² de terres agricoles furent inondés et 52 personnes trouvèrent la mort. Pendant la crue, les services d'urgence se servirent d'images satellite comme celle-ci pour suivre la progression des eaux.

Prévenir les inondations

Les hommes tentent de limiter les risques d'inondation en barrant et en canalisant les abords des cours d'eau et des mers.

Digues
Des remblais de terre, appelés digues, permettent de contenir les rivières qui débordent ou qui changent de cours régulièrement. Des ouvrages de ce type sont utilisés sur les rives du Rhône, en Camargue. Il arrive que les digues cèdent et laissent passer les eaux, à cause de l'érosion, de séismes ou de pluies exceptionnellement importantes.

Histoire de mots

- Le mot **inondation** vient du latin *unda*, qui signifie « vague ».
- **Déluge** est issu du verbe latin *diluere*, qui veut dire « tremper ». Les mots diluer et diluvien ont la même origine.

Incroyable !

- La crue la plus meurtrière de tous les temps fut celle du fleuve Jaune, en Chine, en octobre 1887. Elle inonda 300 villages.
- Dans les déserts américains, les inondations font plus de victimes que la mort par déshydratation.

Zapping

- Quelle est l'origine de la mousson ? Réponse page 13.
- Lorsqu'un cyclone atteint la côte, il provoque d'immenses marées appelées marées de tempête ou ondes de tempête. Pourquoi ? → pages 36-37.

Autant en emportent les flots
Aux États-Unis, la rupture du barrage de South Fork (Pennsylvanie), en mai 1889, a fait plus de 2 200 victimes. En France, durant l'hiver 2000-2001, la pluviosité exceptionnelle a entraîné d'importantes inondations dans la Somme, et des milliers d'habitants ont dû être évacués.

À toi de jouer

Construis ton pluviomètre

Un pluviomètre mesure le niveau des chutes de pluie.

1. Demande à un adulte de couper le tiers supérieur d'une bouteille en plastique. Retourne cet entonnoir sur la bouteille.
2. Prends un long récipient en verre et colle une bande de papier sur chaque côté.
3. Verse 1 cm d'eau dans la bouteille, puis transvase l'eau dans le récipient étroit. Marque le niveau atteint par l'eau sur la bande de papier. Réalise une graduation en traçant des tirets de même intervalle sur la bande de papier.
4. Leste ta bouteille avec un poids et installe-la à l'extérieur.
5. Tous les jours, à la même heure, verse le contenu de la bouteille dans le récipient pour mesurer la quantité de pluie tombée.

Barrages anti-tempête
Dans certaines régions côtières basses sujettes aux inondations, les hommes ont aménagé de grands ouvrages pour contenir les marées et les fortes vagues.

Barrages-réservoirs
Un barrage-réservoir est un ouvrage en béton qui retient l'eau d'une rivière. Les barrages servent à contrôler le débit des cours d'eau sujets aux crues, mais aussi à produire de l'électricité en canalisant l'eau à travers des turbines. Ces ouvrages doivent être très solides pour contenir les immenses quantités d'eau qui s'y accumulent.

Caravane de dromadaires

La sécheresse

Pour ceux qui vivent dans les régions arides, où il arrive qu'il ne tombe pas une goutte de pluie pendant plusieurs mois, les périodes sèches n'ont rien d'extraordinaire. Dans les zones plus tempérées, la même situation devient une catastrophe naturelle : c'est la sécheresse.

La sécheresse est généralement liée à une anomalie climatique. Par exemple, un changement de direction du vent fait que l'air humide est remplacé par de l'air sec dans une région, ou bien une pression anormalement élevée empêche la formation de nuages et de pluie.

Mais les scientifiques pensent que la sécheresse peut aussi être due à des changements de la température superficielle de la mer, qui réduisent l'alimentation en humidité de l'atmosphère.

La terre dans le ciel

En cas de sécheresse, le sol sèche et s'ameublit. Des vents puissants parviennent alors à soulever la couche supérieure de la terre, créant un gigantesque nuage de poussière qui se déplace. Ces tempêtes de poussière réduisent considérablement la visibilité. Les particules de terre parcourent alors des milliers de kilomètres, recouvrant tout d'une fine pellicule et s'élevant quelquefois jusqu'à 3 000 m d'altitude dans l'atmosphère.

GROS PLAN

Des jours difficiles

Les hommes et les femmes qui avaient émigré par milliers dans les grandes plaines des États-Unis, au début du XXe siècle, y avaient trouvé des terres riches et fertiles ainsi qu'un climat doux et humide. Ils avaient labouré des milliers d'hectares de prairie avant de les ensemencer. Ils vivaient confortablement. Tout changea en 1931. La pluie cessa de tomber. La terre desséchée se mit à se craqueler. Les fermiers se dirent que cela ne pouvait pas durer. Mais les années passèrent, sans pluie… La sécheresse gagna le Colorado, le Kansas, l'Oklahoma, le Texas et le Nouveau-Mexique. Lorsqu'en 1937 l'écrivain John Steinbeck se rendit dans la région, il y découvrit la pire sécheresse de l'histoire des États-Unis. Dans son célèbre roman *Les Raisins de la colère*, Steinbeck dépeint des scènes tragiques, avec d'innombrables paysans contraints de quitter leur ferme pour partir vers l'ouest en quête d'une vie meilleure.

Histoire de mots

El Niño est un terme espagnol qui veut dire « le garçon », mais aussi « l'Enfant Jésus ». On a baptisé ainsi le courant marin chaud qui touche l'hémisphère Sud parce qu'il se manifeste à la période de Noël.

Incroyable !

- Le désert d'Atacama, dans le nord du Chili, est l'endroit le plus aride au monde. En un siècle, il ne reçoit que quelques orages locaux.
- En 1907, une sécheresse aurait entraîné la mort de 24 millions de personnes en Chine.

Zapping

- Les tempêtes de poussière sont généralement provoquées par les fronts froids. Qu'est-ce qu'un front ? Réponse pages 16-17.
- Comment les plantes et les animaux s'adaptent-ils à la sécheresse ? → pages 44-45.

Sécheresse dévastatrice
De graves sécheresses ont provoqué plusieurs famines dans la région du Sahel, en Afrique, entre 1910 et 1914, 1940 et 1944, 1970 et 1985. Entre 1972 et 1975, puis à nouveau entre 1984 et 1985, plus de 600 000 personnes sont mortes de faim.

L'effet El Niño

Le courant marin chaud appelé El Niño peut occasionner des sécheresses dans l'hémisphère Sud.

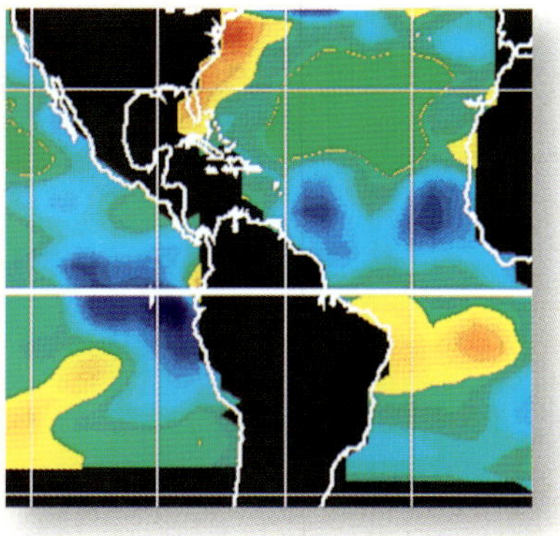

Précipitations et vents normaux
Cette carte représente les températures normales dans le Pacifique : l'eau chaude est figurée en rouge, l'eau froide en bleu. La majeure partie de l'hémisphère Sud reçoit des précipitations proches de la moyenne.

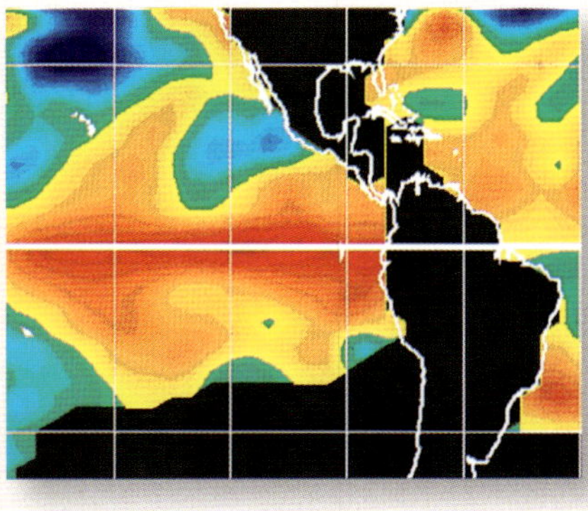

Une année « El Niño »
Tous les trois à huit ans, vers décembre, El Niño se déplace vers le sud. Il apporte un temps sec en Australie et des pluies sur les régions occidentales d'Amérique du Sud.

Suite de catastrophes
Il arrive aussi qu'El Niño génère des sécheresses dans le nord-est du Brésil et certaines régions d'Afrique, ainsi que de fortes pluies en Argentine, en Uruguay et dans le sud du Brésil.

Flocon en assiette hexagonale

Flocon en colonne

Flocon à six branches

LES TEMPÊTES DE NEIGE

Sortir après une tempête de neige, au petit matin, est un instant magique. Le soleil se reflète sur un manteau blanc immaculé. Des glaçons ornent toits et barrières, et le givre scintille sur les fenêtres.

Cependant, si les tempêtes de neige sont une source d'émerveillement et de divertissement, elles perturbent aussi notre vie quotidienne. Elles bloquent les routes, ralentissent les déplacements des services de secours. Le froid glacial met en danger la vie de ceux dont les logements sont mal chauffés. Et, dans les montagnes, un épais tapis de neige peut provoquer des avalanches mortelles.

Les tempêtes de verglas, qui sont tout aussi dangereuses, se produisent lorsque des gouttes de pluie traversent l'air glacial en conservant leur forme liquide. Dès que ces gouttelettes touchent le sol, elles gèlent et se transforment en épaisse couche de glace. Sur les routes et les trottoirs devenus glissants, les accidents se multiplient.

NEIGE MEURTRIÈRE
La pire tempête de neige de l'histoire des États-Unis a eu lieu sur la côte est entre le 11 et le 14 mars 1888, avec des chutes de plus de 1,50 m d'épaisseur. Elle a fait 400 victimes.

LES TYPES DE GLACE
Lorsque des gouttes d'eau glacées tombent sur une surface, il arrive qu'elles s'étalent avant de geler. Elles forment alors une épaisse couche de glace transparente et lisse, appelée verglas. Quand les températures sont négatives, l'air humide forme un revêtement blanc granuleux nommé givre. Le givre est moins glissant, et donc moins dangereux, que le verglas.

DANGER D'AVALANCHE !

Une avalanche se produit quand une importante masse de neige dévale le flanc d'une montagne. Elle peut ensevelir des gens, des voitures, voire des villages entiers.

SITUATIONS À RISQUE
Les avalanches se déclenchent fréquemment lorsque de la neige fraîche tombe sur une couche ancienne, mouillée ou glacée, ou lorsque la base commence à fondre, au printemps.

Histoire de mots

- **Blizzard** est un mot anglais qui désigne une forte tempête de neige, accompagnée de vents violents.
- Les habitants du **Groenland** possèdent au moins 50 termes différents pour décrire la neige.

Incroyable !

- Le plus gros flocon de neige de tous les temps a été découvert le 28 janvier 1887 dans le Montana, aux États-Unis. Il mesurait 38 cm de diamètre et 20 cm d'épaisseur.
- Les plus fortes chutes de neige dues à un blizzard se sont produites en1959 sur le mont Shasta, en Californie : 4,80 m d'épaisseur.

Zapping

- La neige est souvent due à des systèmes dépressionnaires. Veux-tu en savoir plus sur les dépressions ? Réponse pages 16-17.
- Comment sait-on si les précipitations vont tomber sous forme de pluie ou de neige ? → pages 24-25.
- Les plantes, les animaux et les hommes ont mis au point différentes stratégies pour affronter le grand froid et les fortes chutes de neige. Lesquelles ? → pages 44-45.

GROS PLAN

L'homme aux flocons de neige

Il ajusta le mécanisme de son microscope et observa la forme s'offrant à ses yeux. Le spectacle était saisissant : un motif à six branches d'une beauté éblouissante. Qui aurait cru qu'un flocon de neige cachait une telle merveille ? L'étude des flocons devint une passion pour Wilson A. Bentley, un garçon de 15 ans vivant dans le Vermont (États-Unis). Au cours des quarante-six années qui suivirent, il consacra des milliers d'heures à l'étude des flocons. Il les recueillait sur un plateau et les séparait à l'aide d'une plume. Il publia un livre réunissant des photographies de 2 300 flocons. Chacun d'entre eux, au dire de Bentley, est un chef-d'œuvre d'architecture. Mais ce qui enthousiasmait Bentley plus que tout, c'est qu'on ne retrouvait jamais deux fois le même motif.

Danger glacial
Les tempêtes de neige rendent notre environnement extrêmement dangereux. En présence d'une épaisse couche de verglas, il devient impossible de conduire ou de marcher à l'extérieur. Le poids de la glace peut également faire ployer arbres et lignes électriques, et même perturber l'équilibre des avions au décollage ou à l'atterrissage.

Terrain glissant
La neige commence à glisser lorsqu'elle ne parvient plus à supporter son propre poids. L'avalanche peut aussi être provoquée par des skieurs ou des alpinistes. Son mouvement s'accélère à mesure qu'elle progresse vers l'aval.

Vague dévastatrice
La vague de neige peut atteindre une vitesse de 250 km/h, emportant tout sur son passage. Une personne ensevelie par une avalanche peut rester en vie quelques heures sous la neige. Les sauveteurs travaillent avec des chiens qui leur permettent de localiser rapidement les survivants.

Manchots empereurs

Ténébrionidé

Les survivants de l'extrême

Des plantes peuvent-elles pousser dans les déserts ? Trouve-t-on des animaux dans les régions polaires ? Si étonnant que cela puisse paraître, la réponse à ces deux questions est oui. La vie a conquis quasiment chaque recoin de notre planète grâce à un processus appelé adaptation.

Dans le désert, certaines plantes sont dotées de longues racines qui puisent l'eau dans les profondeurs. La plupart des animaux du désert passent la journée dans leur abri pour se protéger de la chaleur et sont actifs la nuit.

Dans la toundra, les plantes croissent près du sol pour se protéger du vent et fleurissent rapidement, profitant du court été. Beaucoup d'animaux polaires possèdent une fourrure épaisse et une couche de graisse qui les prémunissent contre le froid. Les hommes, eux aussi, ont développé des caractéristiques physiques qui les aident à affronter des environnements extrêmes. Ainsi, les habitants des régions chaudes ont généralement une peau sombre qui les protège du soleil.

Des incendies salvateurs
En Australie, où les feux de forêt sont nombreux, la plupart des espèces végétales résistent aux flammes. Certaines plantes ne peuvent se reproduire sans l'aide du feu, qui ouvre leurs graines.

DÉSERT : Le rat-kangourou d'Amérique du Nord tire toute l'eau nécessaire à sa survie des graines et des plantes. Il peut passer sa vie entière sans en boire une goutte.

Stratégies de survie
Au fil du temps et de la sélection naturelle, les plantes et les animaux se sont adaptés aux conditions climatiques les plus difficiles. Ces illustrations montrent quelques exemples d'adaptations du règne animal.

TROPIQUES : D'ordinaire, les têtards doivent rester dans l'eau pour survivre. Dans la forêt tropicale, l'air est si humide que certaines grenouilles peuvent transporter leurs petits sur leur dos, à l'air.

MONTAGNE : Le pika d'Asie et d'Amérique du Nord est recouvert d'un épais pelage idéal contre le froid. Il survit en se nourrissant de plantes séchées qu'il stocke dans son terrier.

Histoire de mots

Beaucoup d'animaux dorment tout l'hiver pour ne pas être exposés au froid. Ce phénomène s'appelle l'**hibernation**, du latin *hibernare*, qui signifie « passer l'hiver ».

Incroyable !

- Pour reconstituer rapidement ses réserves, le chameau peut boire 135 litres d'eau en dix minutes.
- En hiver, le manchot empereur, qui vit dans l'Antarctique, supporte un froid de – 60 °C et des vents de 190 km/h.

Zapping

- Quels sont les grands climats du monde ? Réponse pages 18-19.
- Des régions non désertiques connaissent aussi la sécheresse. Veux-tu en savoir plus ? → pages 40-41.
- Que racontent les mythes au sujet des phénomènes météorologiques ? → pages 48-49.

Sous le soleil de Mexico

« Je ne me rendais pas compte que cela pouvait avoir un tel impact. » Comme d'autres coureurs de fond et de demi-fond aux jeux Olympiques de Mexico, en 1968, l'Australien Ron Clarke, détenteur du record du 10 000 m, fut surpris par les effets de l'altitude (2 240 m) sur sa performance. Comme en altitude l'air contient moins d'oxygène, les coureurs venant de régions de faible altitude ont du mal à respirer. Avant les jeux Olympiques de Mexico, peu d'athlètes avaient conscience de ce phénomène. Lors de la finale du 10 000 m, Clarke n'arriva que sixième avant de s'écrouler. C'est Naftali Temu, des hauts plateaux du Kenya, qui remporta la course. Les athlètes des épreuves de sprint et de saut profitèrent de ces conditions, le vent offrant moins de résistance aux efforts brefs et rapides. On pense que c'est ce qui a aidé Bob Beamon à réaliser son incroyable saut en longueur de 8,90 m, pulvérisant de près de 70 cm le précédent record.

Les hommes

Comment les êtres humains se sont-ils adaptés à des conditions climatiques difficiles, voire extrêmes ?

Maisons de glace

Les Inuits de l'Arctique construisent des abris, appelés igloos, avec des blocs de glace. Ces structures réduisent la déperdition de chaleur et protègent du vent.

À pleins poumons

On a constaté que les Indiens des Andes avaient des poumons plus volumineux que la moyenne, leur permettant d'inhaler davantage d'air dans un environnement où l'oxygène est rare.

Abris de tissu

Les populations nomades du Sahara portent des vêtements amples qui protègent leur peau du soleil et permettent à l'air de circuler.

PÔLE NORD : Avec son pelage dense et son épaisse couche de graisse, l'ours blanc est protégé du froid. Son cœur envoie du sang chaud vers sa peau pour éviter les gelures.

Le temps qu'il fera

Le temps joue un rôle considérable dans notre vie. Il n'est donc pas étonnant que les hommes surveillent et cherchent à prédire son évolution. Nos ancêtres attribuaient quantité de phénomènes climatiques à l'action d'êtres surnaturels, mais ils savaient aussi reconnaître les caractéristiques de l'évolution du temps et les mettre à profit pour effectuer des prévisions. Toutefois, il fallut attendre le XVIe siècle pour que l'étude du temps, la météorologie, devienne une science. Depuis, les météorologues recourent à des appareils complexes et à des techniques sophistiquées qui leur permettent d'établir des prévisions de plus en plus fiables.

page **48**

Savais-tu que, dans la mythologie des Indiens d'Amérique, l'Oiseau-tonnerre est à l'origine du tonnerre, des éclairs et de la pluie ? Quels autres mythes expliquent ainsi des phénomènes climatiques ?

Cap sur En quête de signes

page **50**

Deux inventions récentes, le télégraphe et Internet, ont marqué l'histoire de la météorologie.

Cap sur La météorologie

page **52**

Comment mesure-t-on la température et l'humidité de l'air, la vitesse du vent et la pression atmosphérique ?

Cap sur Question de mesures

page **54**

Les aérosondes collectent des données dans les régions les plus reculées. Comment les météorologues exploitent-ils ces informations ?

Cap sur LES PRÉVISIONS

page **56**

Qu'est-ce qu'Internet peut t'apprendre sur le climat et sur l'environnement ?

Cap sur LES BULLETINS MÉTÉO

page **58**

Comment les anneaux des arbres peuvent-ils nous aider à mieux connaître les changements climatiques du passé ?

Cap sur LE CLIMAT À LONG TERME

page **60**

L'homme est peut-être en train de modifier le climat de la planète.

Cap sur LE CLIMAT VA-T-IL CHANGER ?

Calendrier solaire maya

En quête de signes

Dans de nombreuses civilisations, les mythes font intervenir des êtres surnaturels qui sont à l'origine des phénomènes climatiques. Les Scandinaves croyaient ainsi que le dieu Thor « faisait » le tonnerre à coups de marteau. Souvent, des prières, des danses et des sacrifices étaient adressés aux dieux afin qu'ils agissent sur le temps. Les Mayas donnaient en offrande à Chac, le dieu de la Pluie, des pierres précieuses et même des êtres humains qu'ils jetaient dans des puits.
Les paysans et les marins connaissent quantité de proverbes associant des changements de temps à d'autres signes de la nature. Transmis de génération en génération, ces dictons peuvent relever purement et simplement de la superstition ou bien receler un fond de vérité.

Maître de la Foudre
Dans la mythologie grecque, Hélios est le dieu du Soleil et Éole celui des Vents. Zeus, maître absolu des cieux, règne sur les nuages, la pluie et la foudre. Les mythes racontent qu'il provoquait des orages en lançant de gigantesques éclairs depuis son trône de l'Olympe, la demeure des dieux.

L'Homme-éclair
Cette peinture rupestre du nord de l'Australie représente Namarrgon, l'Homme-éclair, une créature de la mythologie aborigène. Le corps entouré d'un éclair, il se sert de haches de pierre pour frapper les nuages et faire gronder le tonnerre.

Les ailes du tonnerre
Chez les Indiens d'Amérique du Nord, un oiseau mythique, appelé Thunderbird ou Oiseau-tonnerre, orne le sommet de nombreux totems. L'oiseau déclencherait le tonnerre en battant de ses gigantesques ailes, et les éclairs en clignant des yeux.

Dragon chinois, symbole des mers et des pluies

Histoire de mots

Fils de Poséidon, le dieu de la Mer dans la mythologie grecque, **Éole** est le dieux des Vents. Son nom a donné l'adjectif éolien, qui signifie « mû par le vent » ou « provoqué par le vent ».

Incroyable !

• La pintade, qui vit à même le sol, se met à construire un nid lorsqu'un orage se prépare car elle le sent venir à des kilomètres.

• Les fourmis sentent la pluie bien avant qu'elle ne commence à tomber et surélèvent le niveau de la terre autour de l'entrée de leur nid pour empêcher l'eau d'y pénétrer.

Zapping

• Quantité de superstitions reposent sur des effets d'optique, comme les arcs-en-ciel et les halos. Veux-tu en savoir plus ? Réponse page 27.

• Depuis quand l'homme étudie-t-il les phénomènes météorologiques ? → pages 50-51.

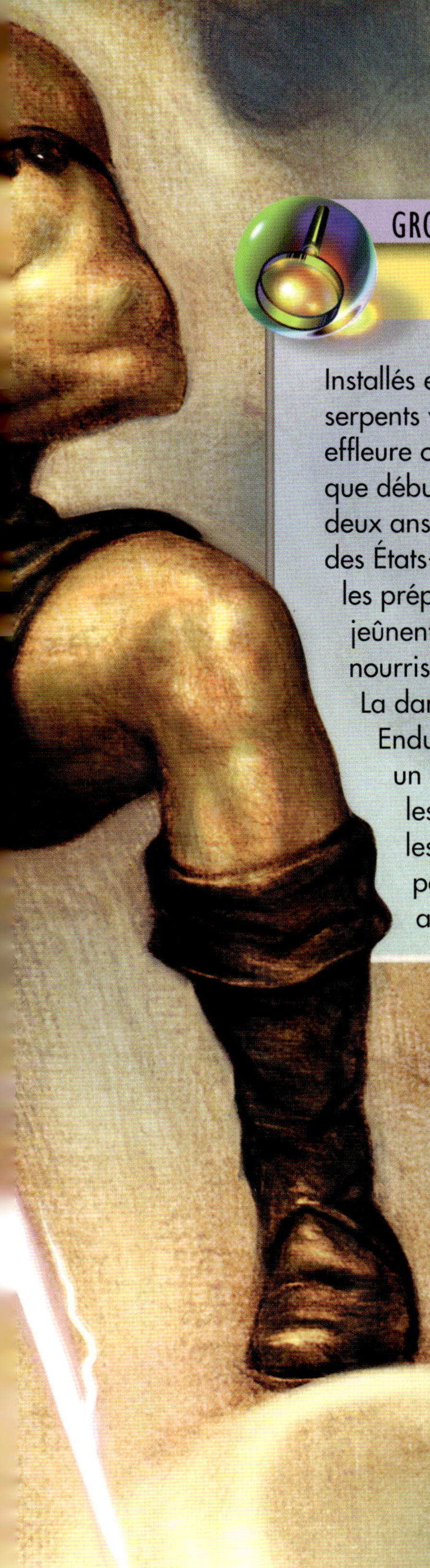

Il paraît que...

Certains signes indiquent, dit-on, que le temps s'apprête à changer. Sont-ils fiables ?

Détecteur d'humidité

« Des pommes de pin ouvertes sont signe de beau temps » : comme ces cônes se ferment par temps humide, leur ouverture indique simplement que l'air est sec.

Belle soirée

« Lorsque le ciel est limpide à l'ouest en soirée, le lendemain sera un jour de beau temps » : c'est vrai, mais seulement dans les régions où le temps vient le plus souvent de l'ouest.

Sur le champ

« Lorsque les vaches se couchent, il va faire mauvais » : en fait, s'il commence à pleuvoir, elles s'allongent pour conserver un peu d'herbe au sec.

Écho de la toile

« La présence de nombreuses toiles d'araignée annonce le beau temps » : en fait, les araignées cessent simplement de tisser leur toile quand il pleut.

GROS PLAN

La danse de la pluie

Installés en cercle devant le prêtre, les danseurs glissent des serpents vivants dans leur bouche. Le prêtre s'avance puis effleure chaque serpent avec une plume d'aigle. C'est ainsi que débute la danse du Serpent, un rituel exécuté tous les deux ans au mois d'août par les Hopi, Indiens du sud-ouest des États-Unis, pour favoriser la venue de la pluie. Pendant les préparatifs, qui durent plusieurs jours, les danseurs jeûnent, puis ils partent chasser des serpents qui seront nourris et lavés comme des hôtes d'honneur.

La danse se déroule dans une pièce souterraine, le *kiva*. Enduit d'argile de couleur, chaque danseur porte un ou plusieurs serpents dans la bouche ou sur les épaules. Une fois la cérémonie achevée, les serpents sont relâchés pour porter les prières des Hopi aux divinités de la Pluie.

Briseur d'orage

Ce bâton en bois sculpté représente le dieu du Tonnerre, Shango, qui, selon les Yoruba du Nigeria, provoque des orages en lançant des éclairs sur terre depuis les cieux. Lors de cérémonies spécifiques, les prêtres yoruba brandissent des bâtons comme celui-ci pour chasser les orages violents.

LES INSTRUMENTS DU TEMPS
Le premier hygromètre a été construit par Léonard de Vinci vers 1500. Galilée a inventé le thermomètre en 1593, et l'un de ses élèves, Torricelli, a construit le premier baromètre à l'aide d'un récipient de mercure en 1643.

Baromètre ancien inspiré de l'invention de Torricelli

Hygromètre de Léonard de Vinci, vers 1500

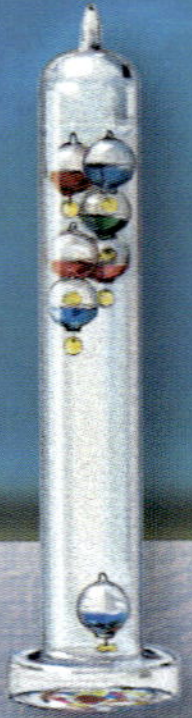

Thermomètre de Galilée, 1593

LA MÉTÉOROLOGIE

Au IVe siècle avant notre ère, le philosophe grec Aristote écrivit un ouvrage dans lequel il tentait de décrire tous les types de temps, *Meteorologica*. À peu près au même moment, les savants indiens utilisaient des pluviomètres et les astronomes chinois consignaient les changements du temps d'une saison à une autre.

Astronome et physicien, Galilée (1564-1642) inventa le premier thermomètre. Puis l'un de ses élèves, Evangelista Torricelli (1608-1647), construisit le premier baromètre. Les scientifiques de l'Accademia del Cimento de Florence se servirent de ces instruments pour créer le premier réseau d'observation météorologique, en 1654.

Grâce à l'invention du télégraphe par Samuel Morse (1791-1872), les météorologues purent être informés des changements de temps avant qu'ils n'interviennent. Au cours des cinquante dernières années, l'apparition des radars, des satellites et des ordinateurs a permis aux météorologues d'améliorer la fiabilité de leurs prévisions.

COLLECTE DE DONNÉES
Au début du XXe siècle, les météorologues commencèrent à envoyer dans les airs des dispositifs sans pilote, comme des cerfs-volants et des ballons, pour collecter des données dans la haute atmosphère. Ce cerf-volant météorologique a été construit par le scientifique Teisserenc de Bort, qui le lança de son observatoire parisien durant la Première Guerre mondiale.

PRÉVISIONS NUMÉRIQUES
En 1922, le Britannique Lewis Fry Richardson eut l'idée d'effectuer des prévisions météorologiques en utilisant des équations mathématiques. En raison de la complexité des calculs, il fallut attendre 1950 pour obtenir des prévisions météo numériques fiables.

À PAS DE GÉANTS

La météorologie a évolué de façon progressive, mais son histoire est jalonnée d'apports majeurs qui constituent d'immenses pas en avant.

IVe siècle avant J.-C. Aristote écrit *Meteorologica*.

1593 Invention du thermomètre par Galilée.

1643 Construction du premier baromètre par Torricelli, qui étudie aussi la pression atmosphérique.

Histoire de mots

Météorologie, terme qui désigne l'étude scientifique du temps, vient des mots grecs *meteoron*, « quelque chose de haut dans le ciel », et *logos*, « discours ».

Incroyable !

Avant l'avènement de l'informatique, Lewis Fry Richardson estimait qu'une seule prévision météorologique numérique nécessiterait l'intervention de 64 000 mathématiciens.

Zapping

- Les hygromètres mesurent l'humidité de l'air. Comment fabriquer ton propre hygromètre ? Réponse page 21.
- Pourquoi les satellites jouent-ils un rôle essentiel dans la surveillance des phénomènes atmosphériques ? → pages 52-53.

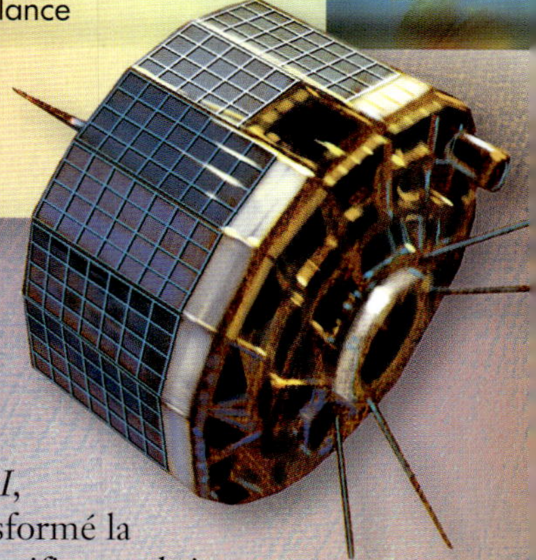

Un œil dans le ciel
Le lancement de *Tiros I*, le 1er avril 1960, a transformé la météorologie. Les scientifiques obtinrent enfin des images de nuages sur une zone étendue, ce qui leur permit de surveiller l'évolution des orages.

Baptême de l'air
Les Grecs de l'Antiquité distinguaient huit vents (en fonction de leur direction d'origine), qui portaient chacun le nom d'un dieu. Chaque face de cet édifice appelé la tour des Vents, construit à Athènes au Ier siècle avant notre ère, porte une sculpture représentant un de ces dieux.

À TOI DE JOUER

Un baromètre maison

1. Tends une rondelle découpée dans un ballon de baudruche sur l'ouverture d'un bocal. Fixe-la de façon étanche.
2. Coupe l'extrémité d'une paille en plastique qui te servira d'aiguille. Colle ou fixe avec du ruban adhésif la paille au milieu de la rondelle.
3. Fixe un morceau de carton sur le côté du récipient, près de l'aiguille. Marque la position de l'aiguille sur le carton. Le lendemain, vérifie à nouveau la position et note-la. Lorsque la pression atmosphérique monte, l'aiguille descend. Quand elle baisse, l'aiguille monte.

1837 Invention du télégraphe par Samuel Morse.

1854 Création en France des services météorologiques.

1935 Invention du radar, qui permet aux météorologues de surveiller les orages et les précipitations.

1951 Fondation de l'Organisation météorologique mondiale, qui intensifie la coopération internationale.

Années 1990 Révolution dans la diffusion de l'information grâce à Internet.

Le thermographe enregistre les changements de température.

L'hydrographe enregistre les variations d'humidité.

QUESTION DE MESURES

Les météorologues collectent des informations à divers niveaux, de la surface de la terre à la tropopause et au-delà. Au sol, ils prennent des mesures à l'aide de divers instruments : thermomètre pour la température, hygromètre pour l'humidité et baromètre pour la pression atmosphérique. Ces instruments se trouvent dans des stations météo disséminées sur une zone étendue. La plupart de ces stations sont automatisées : elles enregistrent les données puis les transmettent par téléphone, radio ou satellite.
Dans la haute atmosphère, les scientifiques se servent d'aéronefs. Des ballons emportent dans les airs des instruments, les radiosondes, qui relèvent la pression atmosphérique, la température et l'humidité. Beaucoup plus haut, les satellites photographient la couverture nuageuse, enregistrent la température et la vitesse du vent à différents niveaux, ou mesurent les courants marins et la hauteur des vagues.

LES INSTRUMENTS DU CIEL
Les avions de recherche transportent quantité d'instruments de mesure dans les couches supérieures de l'atmosphère. Cet avion se rend dans l'œil des cyclones pour y collecter des données destinées à alimenter des modèles informatiques.

ÉCHELLE DE BEAUFORT Cette échelle indique la force du vent.

CODE	VITESSE (km/h)	DESCRIPTION	EFFETS SUR TERRE
0	inférieur à 1	calme	La fumée s'élève à la verticale.
1	1-5	très légère brise	La fumée est très légèrement déviée.
2	6-11	légère brise	Les feuilles frémissent, les girouettes bougent.
3	12-19	petite brise	Les feuilles et les petites branches bougent.
4	20-28	jolie brise	Le vent soulève la poussière.
5	29-38	bonne brise	Les arbustes commencent à se balancer.
6	39-49	vent frais	Les câbles électriques sifflent.
7	50-61	grand frais	Il devient difficile de marcher contre le vent.
8	62-74	coup de vent	Les petites branches se cassent.
9	75-88	fort coup de vent	Les branches se cassent. Faibles dégâts.
10	89-102	tempête	Les arbres sont déracinés. Dégâts importants.
11	103-117	violente tempête	Très gros ravages.
12	118 et plus	ouragan	Ravages catastrophiques.

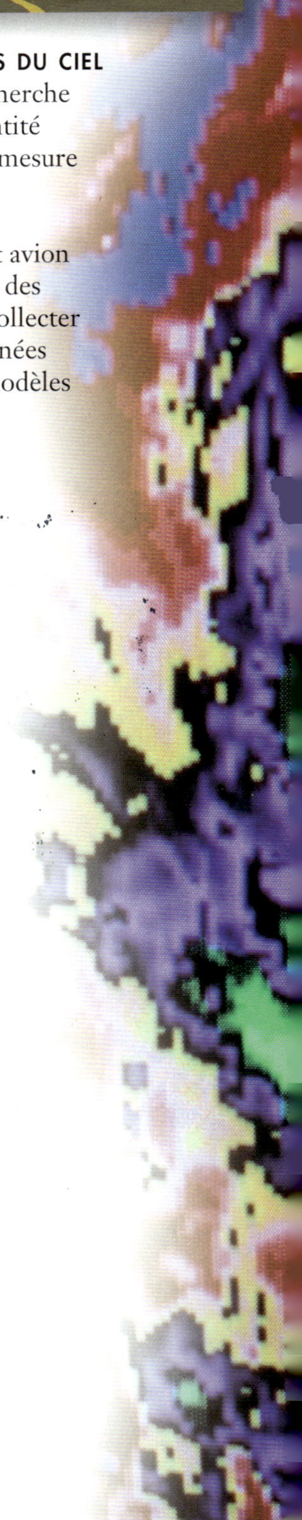

CHAUD-FROID
Cette image satellite à infrarouge représente l'œil d'un cyclone. Comme les capteurs à infrarouge sont sensibles à la chaleur, les couleurs indiquent la température régnant au sommet des nuages. Près du centre, le rouge sombre représente les températures les plus basses au sommet des grands nuages d'orage qui entourent l'œil du cyclone.

À TOI DE JOUER

CONSTRUIS TON ANÉMOMÈTRE

L'anémomètre sert à mesurer la vitesse du vent.

1. Fixe une balle de ping-pong à l'extrémité d'un morceau de ficelle solide.
2. Attache l'autre extrémité de la ficelle au milieu de la base d'un rapporteur. Tu peux aussi fixer sur la base du rapporteur un bâtonnet de bois ou une règle qui te servira de poignée.
3. Retourne le rapporteur et dirige-le vers le vent. Demande à un ami de mesurer l'angle que forme la ficelle. Le tableau ci-dessous te permettra de déterminer la vitesse du vent.

Angle	90°	80°	70°	60°	50°	40°	30°	20°
Vitesse (km/h)	0	13	19	24	29	34	41	52

Histoire de mots

• **Radar** est l'abréviation de Radio Detection And Ranging, (détection et télémétrie par radio).

• **Anémomètre** vient du grec *anemos*, qui signifie « vent ».

• Une **radiosonde** est un instrument embarqué dans un ballon-sonde qui envoie ses données à terre par radio.

Incroyable !

• Les plus fortes chutes de pluie enregistrées en vingt-quatre heures ont atteint 1 870 mm. Elles se sont produites à Cilaos, sur l'île de la Réunion, les 15 et 16 mars 1952.

• Au mois d'octobre 1987, une station météo installée en Bretagne a enregistré des vents d'une vitesse supérieure à 240 km/h.

Zapping

• Veux-tu construire un hygromètre ? Réponse page 21.

• En quoi les satellites sont-ils utiles pour suivre les cyclones ? → page 37.

• Comment les données recueillies par les systèmes de collecte servent-elles à élaborer des bulletins météo ? → pages 56-57.

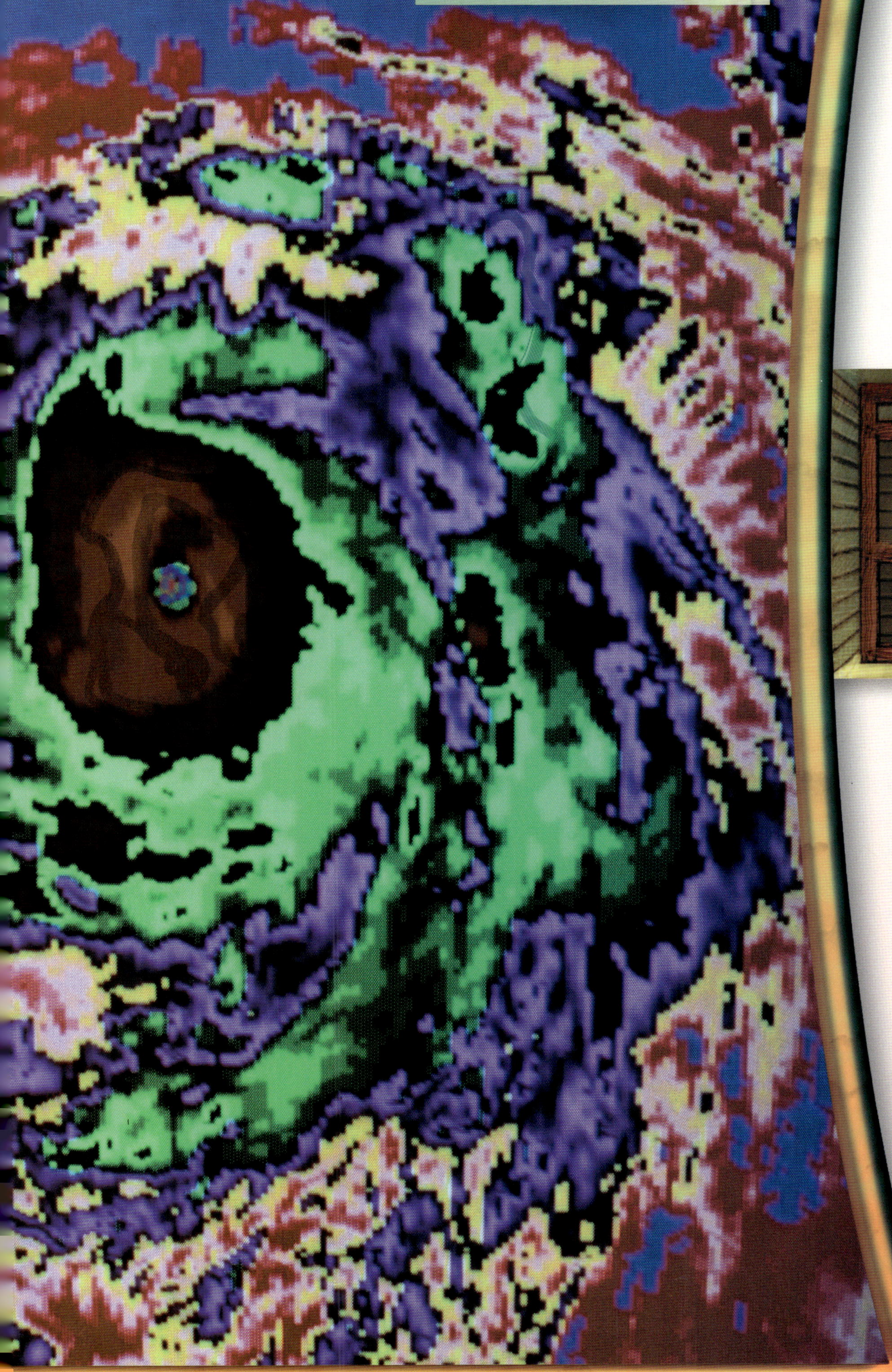

Les stations météo

Ces illustrations représentent quelques-uns des principaux instruments utilisés dans les stations météo.

Dans le sens du vent

Le vent fait tourner l'anémomètre à coupelles. Le nombre de rotations enregistrées dans une période donnée permet de déterminer la vitesse du vent.

Prendre la température

Les thermomètres humides et les thermomètres secs mesurent la température et l'humidité. D'autres instruments enregistrent les températures les plus hautes et les plus basses. Dans la plupart des pays, la température se mesure en degrés Celsius. Aux États-Unis, on utilise encore le degré Fahrenheit.

Collecte d'eau

Le pluviomètre est un récipient doté d'un entonnoir qui collecte et mesure la quantité de pluie tombée en une journée.

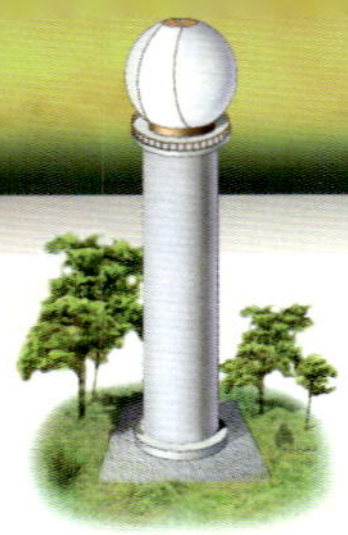

Les prévisions

Les bulletins météo sont le résultat d'un processus complexe, qui fait intervenir des centaines de météorologues et d'observateurs, un arsenal technologique impressionnant et un volume de données considérable. Plus le volume d'informations est important, plus les prévisions ont de chances d'être précises. C'est pourquoi les mesures proviennent d'un grand nombre de sources. Pour produire un bulletin en quelques heures, les scientifiques s'aident d'ordinateurs qui traitent les données, effectuent des simulations et produisent des cartes.

La plupart des prévisions portent sur les sept journées à venir. Au-delà, elles ne sont plus fiables, car l'évolution du temps est un phénomène tributaire d'un si grand nombre de facteurs que, au bout d'une semaine, les minuscules erreurs de calcul sont amplifiées au point de fausser les prévisions.

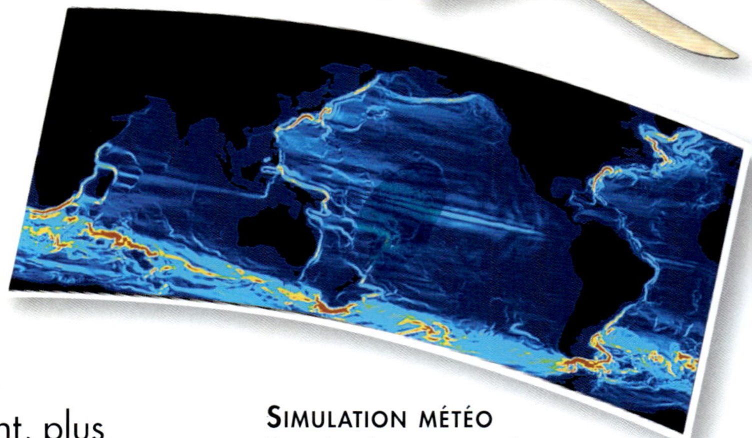

Simulation météo
Les simulateurs sont des programmes qui reproduisent les conditions météo réelles pour prévoir l'évolution du temps.

En direct
Des systèmes automatiques transmettent directement les données aux météorologues. Ce scientifique observe une image radar.

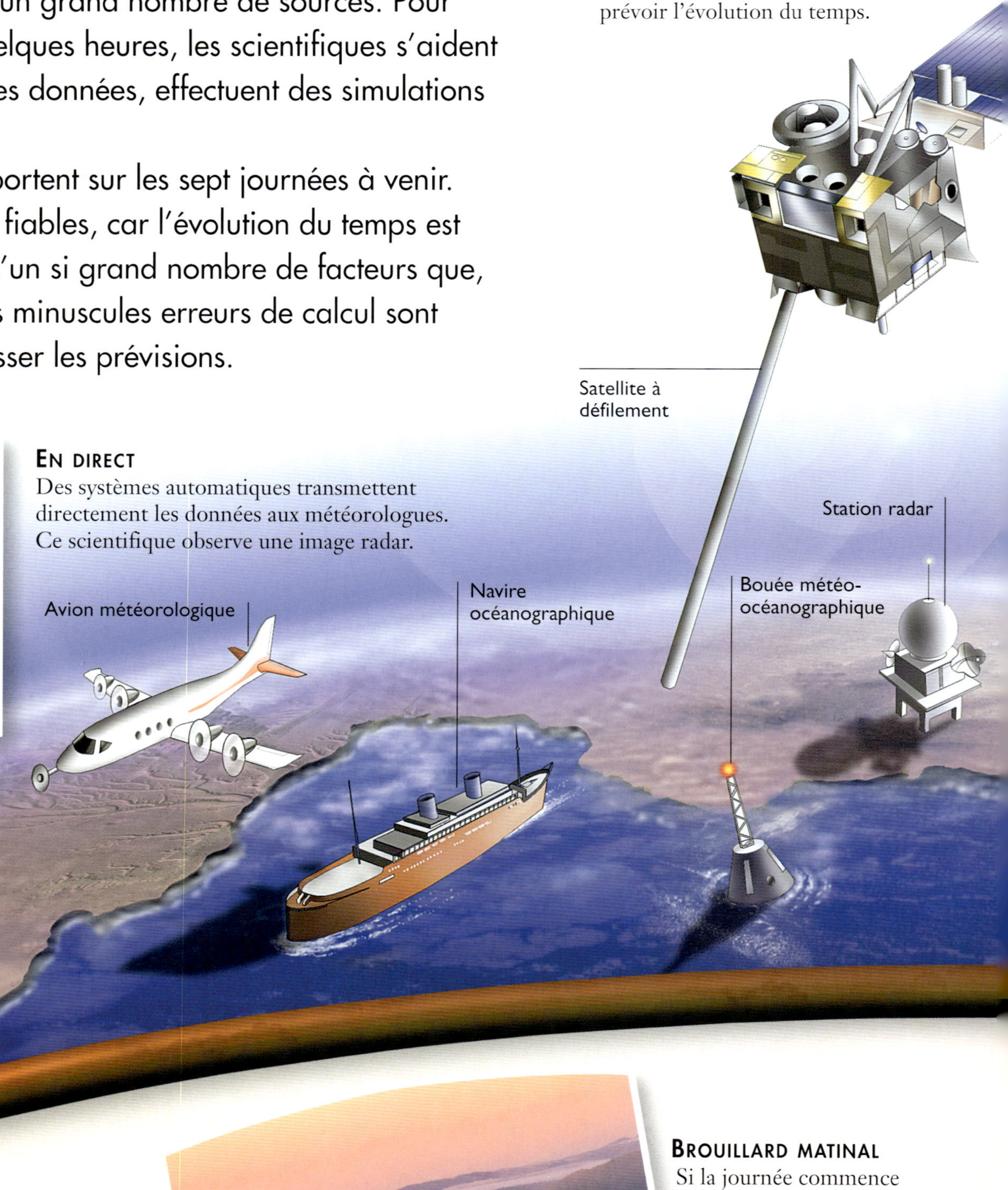

Les indicateurs locaux

Pour obtenir des prévisions fiables, il faut disposer d'un grand nombre d'informations collectées sur une zone étendue. Toutefois, certains signes locaux permettent de prévoir des changements météorologiques à court terme.

Brouillard matinal
Si la journée commence par un brouillard dense, elle sera généralement ensoleillée et dépourvue de nuages et de vent. En effet, le brouillard qui se forme la nuit le fait souvent dans un ciel dégagé.

Histoire de mots

- Un **satellite géostationnaire** (de *geo*, « terre » ou « sol » en grec) est fixe par rapport à la surface de la terre ; il est souvent situé à proximité de l'équateur. Un **satellite à défilement** gravite en permanence autour de la planète, en passant généralement au-dessus des pôles.
- Le mot **simulateur** vient du latin *simulare*, « copier ».

Incroyable !

- Un super calculateur peut effectuer plus de 1 milliard de calculs mathématiques par seconde.
- Certains satellites transmettent 150 000 observations par jour.
- La Veille météorologique mondiale note les données de 12 000 stations météo, de 7 000 dispositifs en mer, de 700 opérateurs de radiosonde et de centaines d'aéronefs.

Zapping

- En règle générale, d'importantes modifications de pression atmosphérique indiquent que le temps va changer. Veux-tu en savoir plus sur la pression atmosphérique ? Réponse pages 10-11.
- Les météorologues suivent attentivement l'apparition des fronts. Pourquoi ? → pages 16-17.
- Les prévisions météo sont généralement représentées sous forme de cartes ou de tableaux. Sais-tu lire une carte météorologique ? → pages 56-57.

Le cycle de l'information

Les instruments montrés ici collectent régulièrement des données et les transmettent aux services météo. Les météorologues analysent ces informations et établissent des bulletins sous forme de cartes, de tableaux et de textes. Sitôt le processus achevé, le cycle recommence.

À toi de jouer

Carnet de bord météo

En consignant régulièrement les conditions météorologiques, tu parviendras à identifier les schémas les plus courants de ta région et tu pourras prévoir quelques changements de temps à court terme. Pour noter la pression atmosphérique, les chutes de pluie et la vitesse du vent, tu peux utiliser un baromètre (page 51), un pluviomètre (page 39) et un anémomètre (page 52). Mesure aussi la température de l'air à l'aide d'un thermomètre et détermine la direction du vent grâce à une girouette. Note ces données dans un carnet de bord en recourant à des symboles (page 57). Tu peux aussi dessiner ou photographier des phénomènes intéressants, comme des nuages ou des arcs-en-ciel, et les coller dans ton carnet.

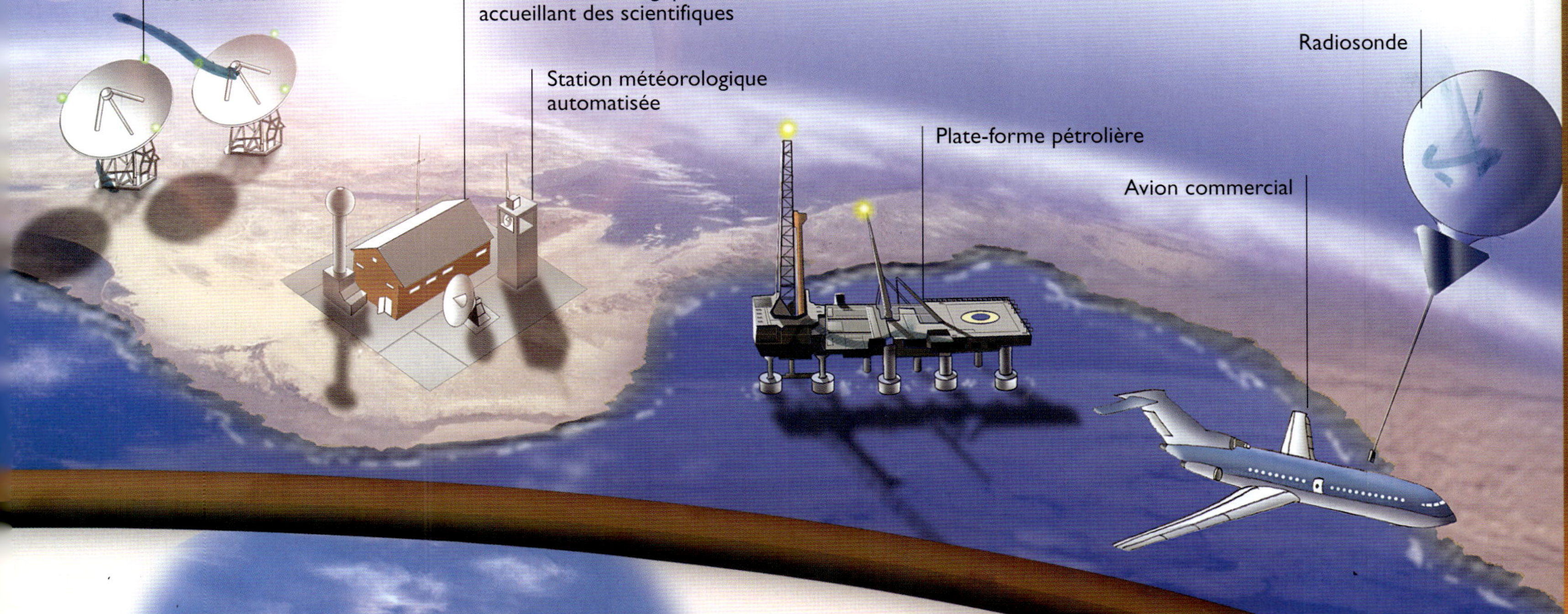

Étage élevé

L'apparition d'une bande de nuages élevés peut indiquer l'approche d'un front. Dans ce cas, des nuages plus denses et de la pluie apparaîtront en quelques heures.

Châteaux célestes

L'apparition de hauts nuages de moyenne altitude, appelés *altocumulus castellanus* en raison de leur ressemblance avec des tourelles de château, peut indiquer la formation de nuages d'orage.

Les bulletins météo

Les météorologues produisent généralement deux types de cartes : les cartes synoptiques et les cartes des prévisions. La carte synoptique est un instantané du temps qu'il faisait au moment des relevés, tandis que la carte des prévisions prévoit le temps qu'il fera dans les douze, vingt-quatre ou quarante-huit heures.

Les services météorologiques fournissent aux chaînes de télévision, aux radios et aux journaux des versions simplifiées de ces cartes. Ils livrent aussi directement des informations par téléphone, par fax ou via Internet. Des bulletins spécifiques sont conçus pour les personnes que leur profession ou leurs loisirs rendent tributaires des changements de la météo (pilotes de ligne, marins, agriculteurs, alpinistes, etc.). L'une des missions les plus importantes des services météorologiques consiste à avertir la population de l'imminence de graves perturbations, telles qu'une inondation, un cyclone ou un orage violent.

Naissance d'une carte
Ce météorologue élabore une carte synoptique à la main. Il consigne les données transmises par les stations météo et trace des lignes correspondant aux fronts et aux zones de pression atmosphérique. Cette carte permet de prévoir les changements à venir.

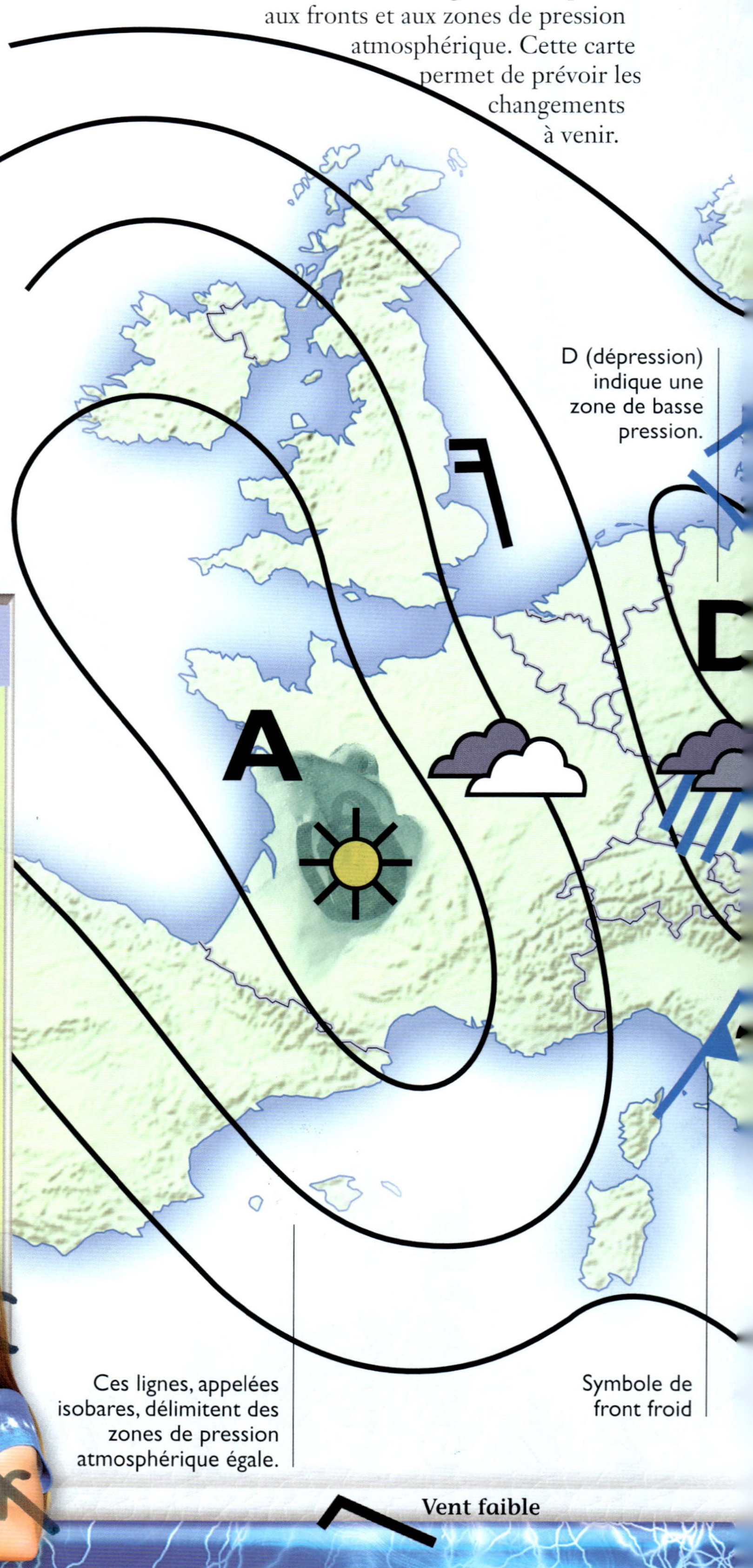

À toi de jouer

Le temps sur la Toile

Grâce aux informations disponibles sur Internet, tu peux suivre au plus près le temps qu'il fait dans ta région et dans quasiment toutes les parties du monde. Il existe sur la Toile des centaines de sites consacrés au temps. De plus, la plupart des services nationaux de météorologie établissent des bulletins qui sont régulièrement mis à jour. Météo France en propose sur Internet pour toutes les régions du pays. Connecte-toi à www.meteo-france.fr, puis sélectionne la région et l'heure du pronostic qui t'intéressent. Chaque pays a une ou plusieurs agences de prévisions météorologiques. Si tu dois partir à l'étranger ou que tu t'intéresses à un aspect particulier du climat dans le monde, tape le nom du pays sur n'importe quel moteur de recherche et associe-le au mot *weather* (temps, en anglais). Exemples : www.nws.noaa.gov (États-Unis) ou www.bbc.co.uk/weather (Grande-Bretagne).

Histoire de mots

• **Synoptique** vient de l'adjectif grec *sunoptikos*, « qui embrasse d'un coup d'œil ».
• **Pronostic** vient du mot grec *prognostikos*, qui veut dire « prévision ».
• **Isobare** vient des mots grec *iso*, qui signifie « égal », et *baros*, qui signifie « poids ».

Incroyable !

Les météorologues ne peuvent émettre une alerte à la légère. En cas d'alerte cyclonique aux Antilles, toutes les entreprises doivent en effet fermer, ce qui représente un coût très élevé. D'un autre côté, les mises en garde précoces permettent de sauver bien des vies.

Zapping

• Comment naissent les vents ? Réponse pages 10-11.
• À partir de quelles données établit-on les cartes météorologiques ? → pages 54-55.
• Sous les latitudes moyennes, les principales perturbations météorologiques se produisent sur les fronts. Qu'est-ce qu'un front ? → pages 16-17.

Comment lire une carte météo ?

Bien que les cartes présentées à la télévision et dans les journaux soient souvent moins complexes que celles qu'utilisent les scientifiques, elles recourent aux mêmes symboles (voir à droite). Les lignes sur la carte ci-dessous sont appelées des isobares. Elles délimitent des zones de même pression atmosphérique : par conséquent, plus les isobares sont rapprochées, plus la différence de pression est importante et plus les vents dans cette région sont puissants.

Miracle informatique

La plupart des cartes du temps sont réalisées par ordinateur. Cette carte de l'Australie est la superposition d'une carte générée par ordinateur et d'une photographie satellite aux couleurs retouchées. Les zones rouges et jaunes indiquent les nuages les plus élevés.

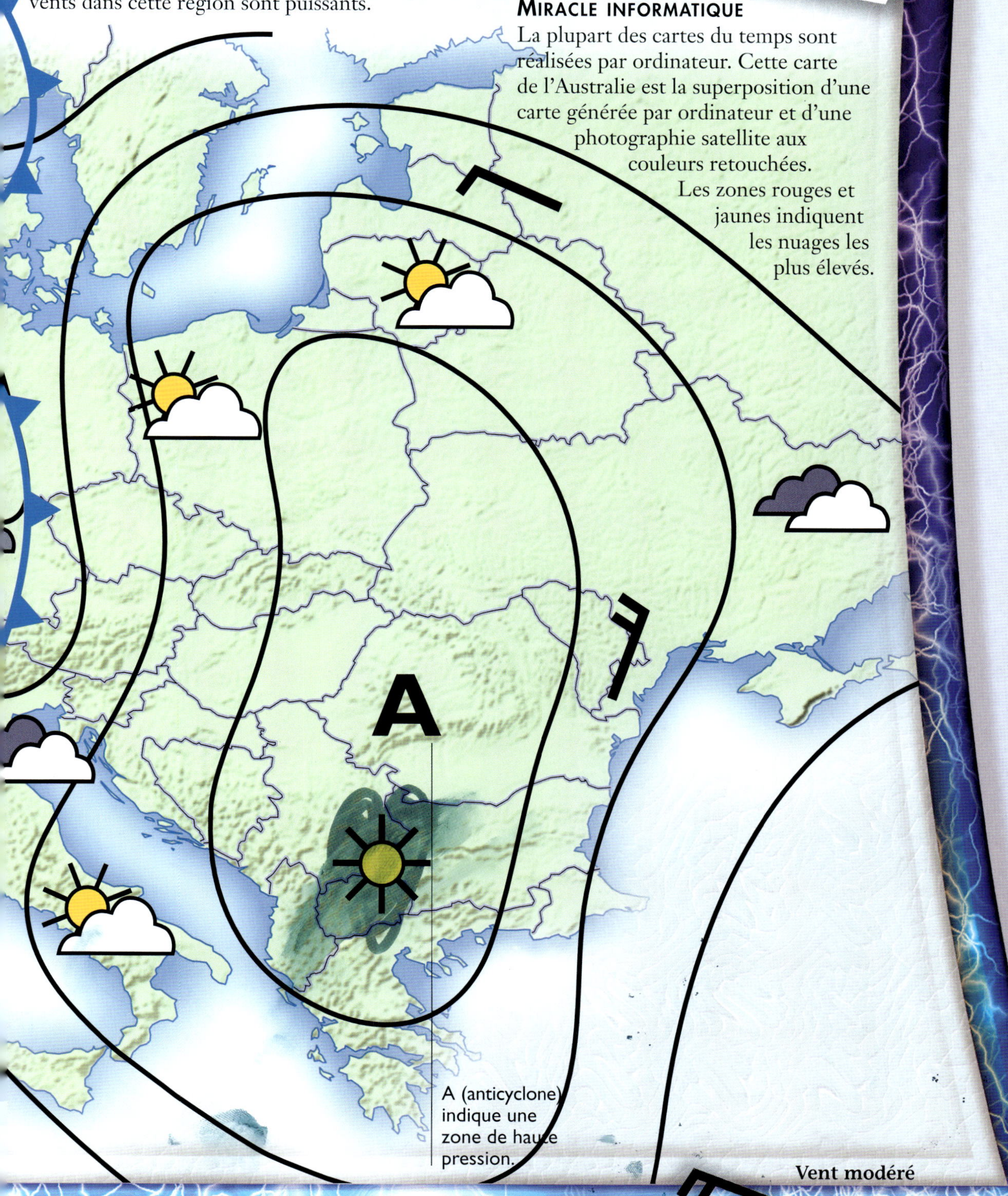

A (anticyclone) indique une zone de haute pression.

Les symboles du temps

Tous les météorologues utilisent les mêmes symboles. Voici les plus courants.

Le temps

- bruine
- pluie
- neige
- grêle
- pluie verglaçante
- tornade
- tempête de poussière
- brouillard
- orage
- éclair
- ouragan

Les nuages

- stratus
- strato-cumulus
- cumulus
- cumulo-nimbus incus
- altostratus
- altocumulus
- altocumulus castellanus
- cirrus
- cirrostratus
- cirrocumulus

La base des calottes glaciaires recèle des dépôts anciens qui permettent de déterminer le temps qu'il faisait jadis. Pour obtenir des échantillons de ces calottes, les scientifiques prélèvent des colonnes de glace appelées carottes.

Carotte de glace

Chaque année, les troncs des arbres se dotent d'un nouvel anneau. Un cercle large indique une année chaude et humide, tandis qu'un cercle étroit signifie que l'année fut froide et sèche.

Anneaux d'un tronc d'arbre

Le climat à long terme

Cela fait environ trois cents ans que l'homme établit des bulletins météo. En trois siècles, notre climat n'a quasiment pas changé, mais, sur une période plus longue, le climat a fait preuve de moins de constance. En 1,6 million d'années, il y a eu plusieurs périodes froides, ou glaciations, de quelques milliers d'années chacune. Entre les glaciations, la température remonte : nous vivons l'une de ces périodes, qui a commencé voici 100 000 ans.

Plusieurs sources nous permettent de connaître l'existence de ces changements. Comme certaines plantes et certains animaux ne vivent qu'à des températures précises, les fossiles constituent un indicateur des fluctuations de température. Les raisons de ces changements demeurent néanmoins mystérieuses. D'infimes fluctuations de l'orbite terrestre pourraient modifier la quantité de lumière solaire atteignant la Terre, ce qui influerait sur le climat.

Sur la glace

Entre 1450 et 1850, les hivers furent particulièrement rigoureux dans toute l'Europe, ce qui vaut à cette période le nom de « petit âge glaciaire ». À Londres, la Tamise gelait régulièrement. À partir de 1607, les Londoniens organisèrent sur la glace des kermesses, les « Frost Fairs ». La dernière eut lieu en 1814.

Certaines années très froides, la glace atteignait 6 m d'épaisseur.

GROS PLAN

Indices glacés

Lors de ses randonnées sur les sommets de sa Suisse natale, Louis Agassiz aimait à contempler les glaciers. Les parois des vallées accueillant ces glaciers étaient parcourues de sillons, vestiges du frottement des pierres contre la roche provoqué par la glace. Agassiz constata que ces mêmes traces se retrouvaient ailleurs, dans des sites dépourvus de glaciers. Il émit l'hypothèse suivante : de vastes régions de la planète auraient été recouvertes de glaciers autrefois, durant des périodes qu'il appela « glaciations ». Comme nombre de scientifiques, Agassiz était en avance sur son temps : il mourut en 1873 et il fallut attendre la fin du siècle pour que le concept des glaciations s'impose.

Chronologie

On voit ici les derniers grands changements climatiques de l'histoire de la Terre. La ligne courbe indique la variation des températures par rapport à la moyenne actuelle, représentée par la ligne droite.

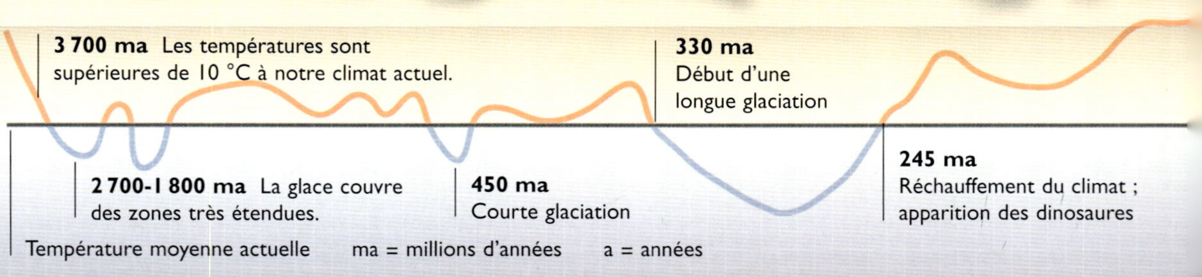

Histoire de mots

• L'étude du climat de la préhistoire est la **paléoclimatologie**, des termes grecs *palai*, « ancien », *klima*, « climat », et *logos*, « discours ».
• **Fossile** vient du latin *fossilis*, qui signifie « obtenu par fouilles » et qui vient de *fodere*, « creuser ».

Incroyable !

Au début de la période chaude appelée optimum médiéval, qui débuta vers 900 après J.-C., environ 400 hommes et femmes venus d'Islande s'établirent au Groenland. Le refroidissement du climat aux XIIe et XIIIe siècles entraîna un déclin des récoltes : la colonie se trouva privée de nourriture et disparut au XVe siècle.

Zapping

• Quelle est l'incidence sur le climat de l'orbite de la Terre autour du Soleil ? Réponse pages 10-11.
• Quelles sont les zones climatiques actuelles de la planète ? → pages 18-19.
• Comment fait-on des prévisions météorologiques ? → pages 54-55.
• L'homme peut-il influer sur le climat ? → pages 60-61.

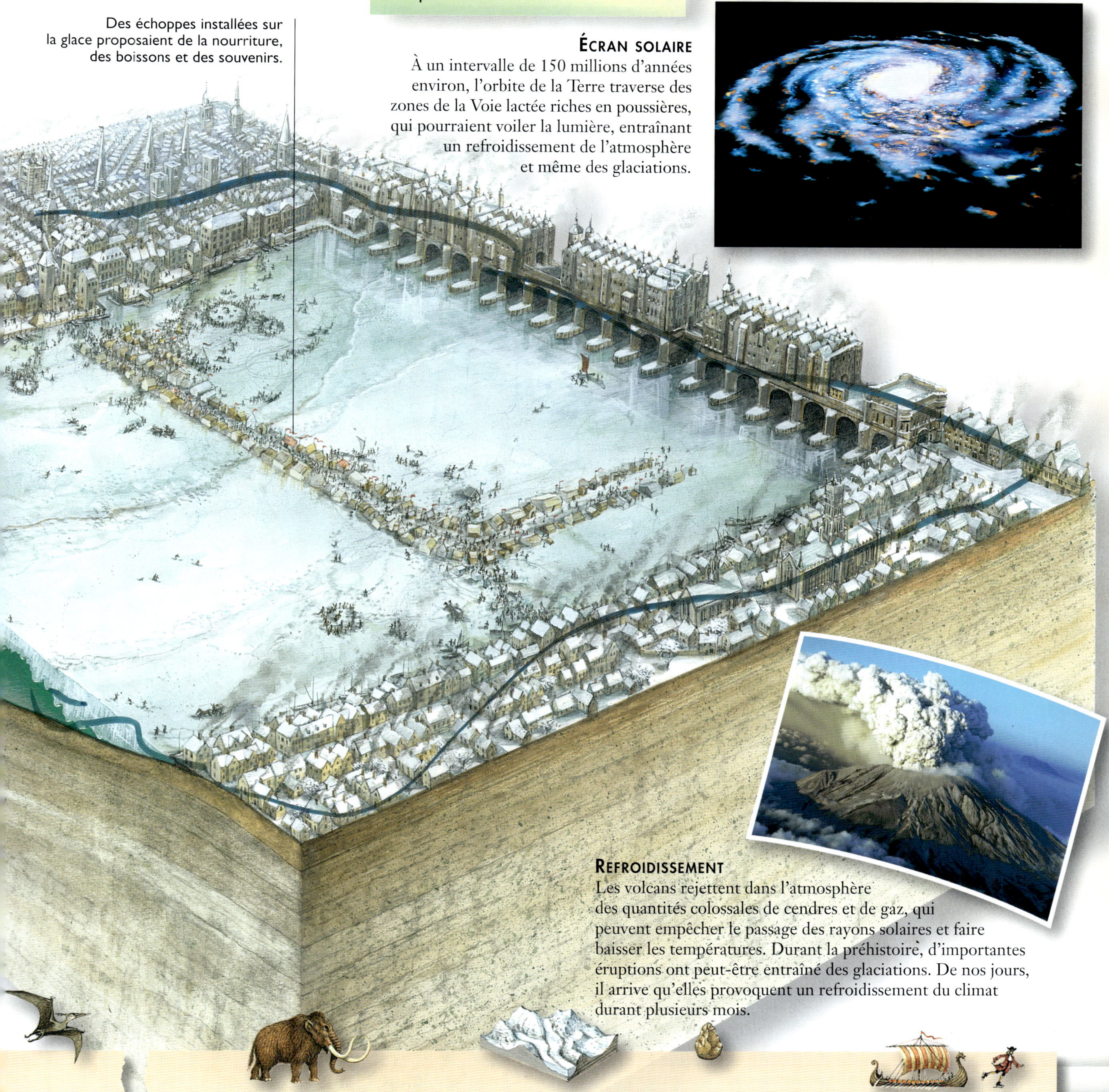

Des échoppes installées sur la glace proposaient de la nourriture, des boissons et des souvenirs.

Écran solaire
À un intervalle de 150 millions d'années environ, l'orbite de la Terre traverse des zones de la Voie lactée riches en poussières, qui pourraient voiler la lumière, entraînant un refroidissement de l'atmosphère et même des glaciations.

Refroidissement
Les volcans rejettent dans l'atmosphère des quantités colossales de cendres et de gaz, qui peuvent empêcher le passage des rayons solaires et faire baisser les températures. Durant la préhistoire, d'importantes éruptions ont peut-être entraîné des glaciations. De nos jours, il arrive qu'elles provoquent un refroidissement du climat durant plusieurs mois.

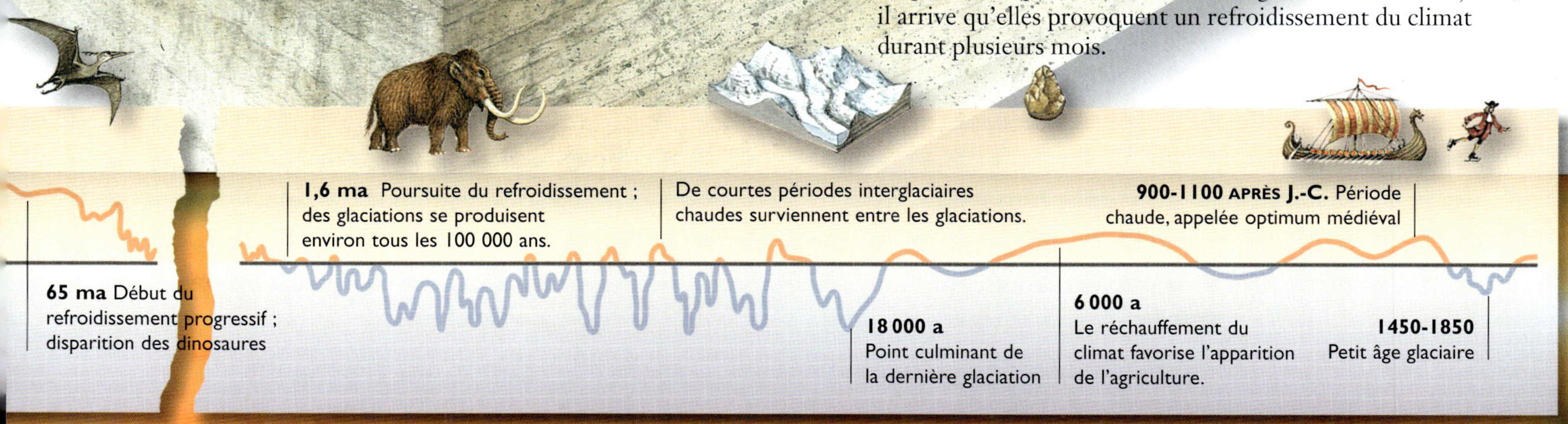

Éolienne

Voiture électrique

Panneau solaire

LE CLIMAT VA-T-IL CHANGER ?

Au cours du XXe siècle, les températures se sont élevées d'environ 0,6 °C. Ce réchauffement pourrait être dû à un accroissement de la quantité de gaz à effet de serre. Présents naturellement dans l'atmosphère, ces gaz absorbent la chaleur reflétée par la surface de la terre. La combustion d'énergies fossiles, comme le pétrole et le charbon, est à l'origine d'un surcroît de gaz à effet de serre, qui peut provoquer une « surchauffe » de l'atmosphère. Si cette tendance se poursuit, il se pourrait que les calottes glaciaires fondent, que le niveau des mers monte et que des régions agricoles se transforment en déserts.

D'autres activités humaines endommagent la couche d'ozone, ce gaz de la stratosphère qui nous protège des rayons nocifs du soleil. Des substances chimiques produites par les industries, les CFC (chlorofluorocarbures), utilisées dans les aérosols, les réfrigérateurs et les climatiseurs, ont déjà détruit une partie de l'ozone. En conséquence, la terre reçoit plus de rayons nocifs, ce qui explique peut-être le développement de certaines maladies.

1985 La chute spectaculaire du niveau de l'ozone entraîne l'apparition d'un « trou » au-dessus de l'Antarctique.

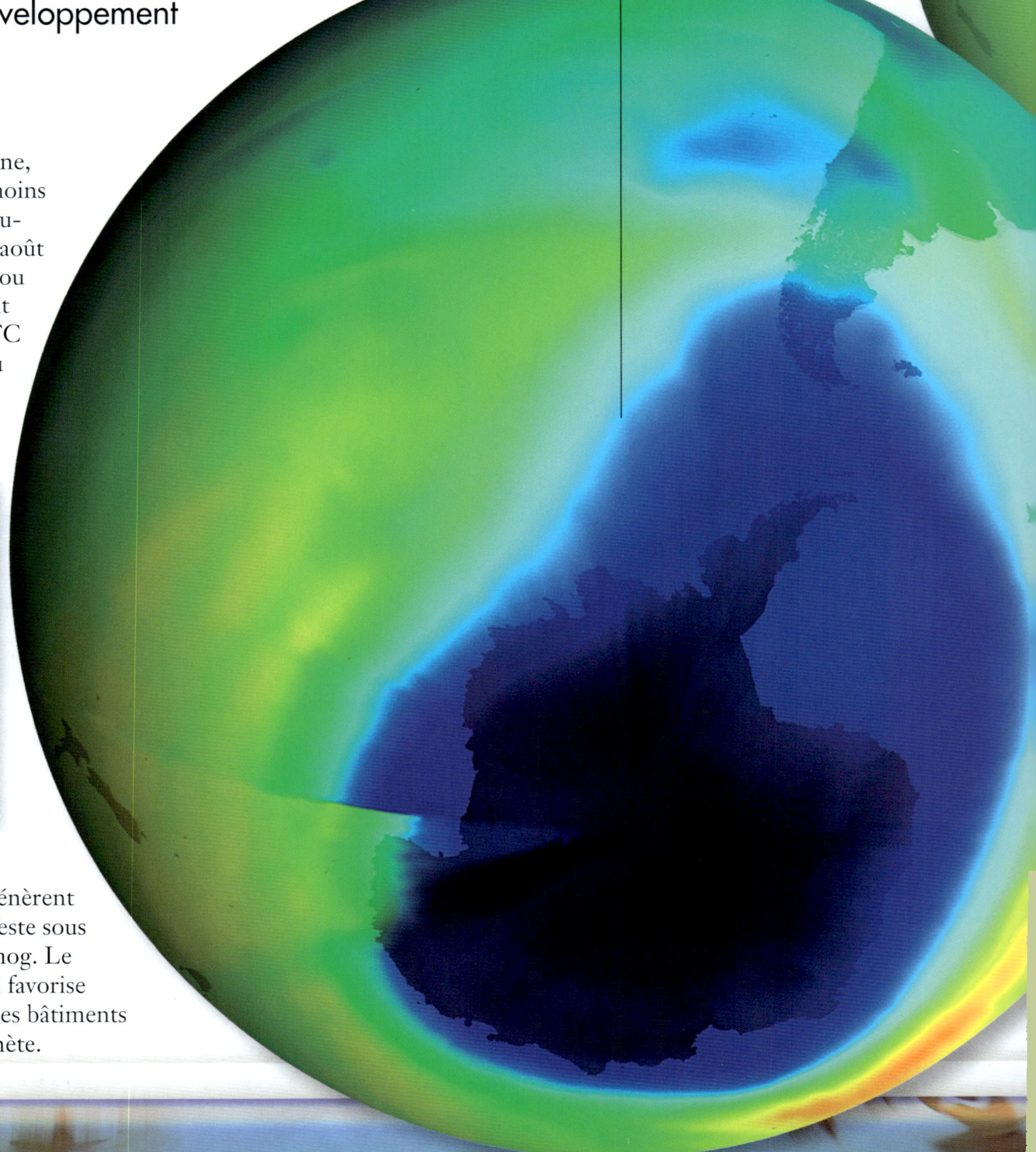
2000 Le trou, plus grand que jamais, s'étend vers le nord en direction de l'Amérique du Sud.

POINT FAIBLE

Le célèbre « trou » dans la couche d'ozone, en réalité une zone dans laquelle il y a moins d'ozone, peut être observé tous les ans au-dessus de l'Antarctique entre les mois d'août et d'octobre. Depuis sa découverte, le trou ne cesse de s'agrandir, très probablement en raison de l'utilisation continue de CFC et d'autres substances chimiques (le bleu indique une faible épaisseur d'ozone, le rouge une couche plus épaisse).

SMOG

Les grandes métropoles comme Mexico génèrent une pollution atmosphérique qui se manifeste sous la forme d'un brouillard enfumé appelé smog. Le smog peut se révéler nocif pour la santé, il favorise l'apparition de gaz acides qui détériorent les bâtiments et contribuent au réchauffement de la planète.

Histoire de mots

- Le mot **smog** (brouillard enfumé) est une contraction de deux termes anglais, *smoke* (« fumée ») et *fog* (« brouillard »). Les émissions des voitures et des usines sont les principales responsables du smog.
- **Ozone** vient du grec *ozein*, qui signifie « sentir ». En effet, l'ozone dégage une odeur très forte.

Incroyable !

Selon les scientifiques, chaque fois que 1 % de la couche d'ozone est détruit, la quantité de rayons ultraviolets nocifs qui atteignent la Terre augmente d'environ 2 %.

Zapping

- Qu'est ce que l'atmosphère ? Réponse pages 8-9.
- Quel est le rôle de la couche d'ozone et des gaz à effet de serre ? → page 9.
- Comment les scientifiques étudient-ils les changements climatiques à long terme ? → pages 58-59.

Pluies mortelles
La combustion d'énergies fossiles charge l'air de substances chimiques qui se mêlent à la vapeur d'eau pour donner des pluies acides. Celles-ci tuent les plantes, empoisonnent les animaux et les cours d'eau, et détruisent des substances vitales présentes dans le sol.

1990 Le trou s'étend sur tout l'Antarctique.

GROS PLAN

Un trou dans le ciel

En 1974, deux scientifiques américains, Mario Molina et Sherwood Rowland, publièrent un article dans lequel ils prévoyaient l'apparition d'un trou dans la couche d'ozone dû à l'utilisation de CFC. Mais d'autres chercheurs mirent en cause cette affirmation.
En 1985, des hommes de la base britannique de surveillance de l'Antarctique (ci-dessous) constatèrent une chute si spectaculaire des niveaux d'ozone qu'ils crurent d'abord à une défaillance de leurs instruments. Le trou prévu par Molina et Rowland avait fait son apparition. Les autorités de différents pays finirent par s'inquiéter.
En 1987, les pays membres des Nations unies signèrent le protocole de Montréal, interdisant l'utilisation de quantité de CFC nocifs. En 1995, Molina et Rowland se virent enfin attribuer la plus grande distinction dans leur domaine, le prix Nobel de Chimie.

Chaud devant

Plus la température de l'atmosphère augmentera, plus le réchauffement de la planète aura des effets spectaculaires.

Temps de pluie
Le réchauffement de l'atmosphère entraîne une augmentation des pluies. Au XXe siècle, les chutes de pluie ont augmenté d'environ 1 %.

Hausse du niveau de la mer
Le réchauffement entraîne la fonte des glaciers, ce qui fait monter le niveau de la mer. Au cours des cent dernières années, le niveau de la mer s'est élevé de 15 à 20 cm.

Désertification
Une hausse des températures transformera les régions semi-arides en zones arides. Certaines régions agricoles céderont la place à des déserts, ce qui amènera des pénuries alimentaires.

Cyclone

Brume

GLOSSAIRE

Aérosonde Petit aéronef sans pilote servant à la collecte de données météorologiques.

Altitude Élévation par rapport au niveau de la mer.

Alto- Préfixe servant à qualifier des formations nuageuses présentes entre 2 000 m et 5 000 m d'altitude.

Anémomètre Instrument servant à mesurer la vitesse du vent.

Atmosphère Enveloppe gazeuse entourant la Terre.

Aurore polaire Phénomène lumineux et coloré qui se produit lorsque des particules générées par les éruptions solaires percutent des molécules d'oxygène et d'azote dans l'atmosphère.

Avalanche Masse de neige dévalant sur le versant d'une montagne.

Ballon-sonde Ballon transportant des instruments météorologiques.

Baromètre Instrument servant à mesurer la pression atmosphérique.

Barrage-réservoir Ouvrage barrant le cours d'une rivière. Le barrage sert à contrôler le débit de rivières sujettes aux crues et aussi à produire de l'électricité, grâce au passage de l'eau dans des turbines.

Blizzard Violente tempête de neige, accompagnée de vents puissants.

Brouillard Nuage qui se forme à proximité du sol ou sur le sol. On parle de brouillard lorsque la visibilité est inférieure à 1 km et de brume lorsqu'elle est inférieure à 5 km.

Celsius, degré (°C) Unité utilisée pour mesurer la température dans la plupart des pays du monde.

Chlorofluorocarbures (CFC) Substances chimiques artificielles, que l'on retrouve dans les aérosols, les réfrigérateurs et les climatiseurs.

Cirro- Préfixe servant à qualifier des formations nuageuses présentes à plus de 5 000 m d'altitude.

Climat Conditions météorologiques prévalant dans une région donnée, sur une longue période de temps.

Coalescence Assemblage de gouttelettes d'eau dans les nuages, qui forment des gouttes de pluie.

Condensation Processus au cours duquel la vapeur d'eau se transforme en liquide sous l'effet d'un refroidissement.

Convection Montée d'air due au réchauffement du sol sous l'effet des rayons du soleil.

Coriolis (force de) Force due à la rotation de la Terre, qui incurve la trajectoire des vents.

Couche d'ozone Fine couche de gaz, riche en ozone, située à environ 24 km au-dessus de la surface de la Terre. L'ozone est un gaz qui fait écran au rayonnement ultraviolet issu du soleil.

Courant marin Mouvement d'eau de mer provoqué par les systèmes de vents planétaires. Les courants marins, ou océaniques, transportent de l'eau chaude ou froide sur de longues distances tout autour de la planète.

Crue Inondation.

Crue-éclair Inondation soudaine provoquée par le passage d'une importante quantité d'eau dans un espace étroit, comme un canyon ou une vallée.

Cyclone Tempête tourbillonnante qui se forme en été au-dessus des mers tropicales.

Désertification Processus entraînant la transformation de terres fertiles en désert, en raison d'une diminution des chutes de pluie.

Digue Ouvrage en terre destiné à barrer ou à canaliser un cours d'eau ou la mer.

Échelle de Beaufort Échelle conçue en 1805 par William Beaufort, servant à indiquer la force du vent en fonction de sa vitesse.

El Niño Courant marin chaud passant tous les sept à dix ans au large des côtes occidentales d'Amérique du Sud, qui peut provoquer des sécheresses dans l'hémisphère Sud.

Enclume Sommet d'un nuage d'orage.

Énergies fossiles Sources d'énergie composées des résidus d'organismes vivants ou de leurs produits, à forte teneur en carbone et en hydrogène. Le pétrole et le charbon sont des énergies fossiles.

Environnement Ensemble des éléments physiques et biologiques qui nous entourent.

Évaporation Processus entraînant la transformation d'eau chaude en vapeur d'eau.

Fahrenheit, degré (°F) Unité utilisée pour mesurer la température aux États-Unis.

Feu de Saint-Elme Amas d'étincelles apparaissant au-dessus d'un objet élevé lors d'un orage, dû à l'accumulation de charges électriques.

Fossile Vestige, trace ou impression d'un organisme conservé dans la roche ou sous forme de roche.

Front Limite entre deux masses d'air de températures différentes.

Baromètre

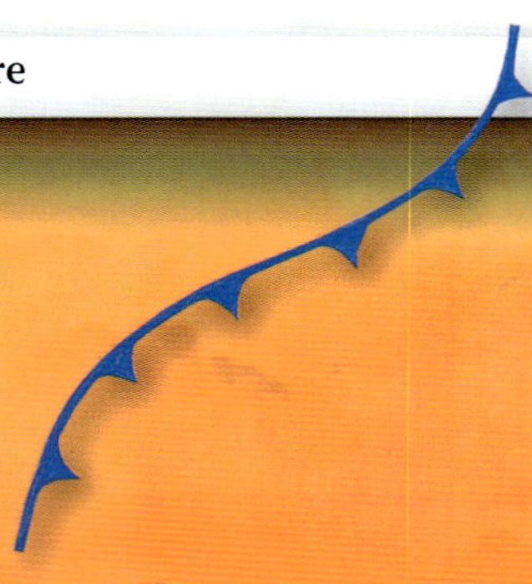
Symbole de front froid

Cumulo-nimbus avec enclume et mammatus

Couche d'ozone

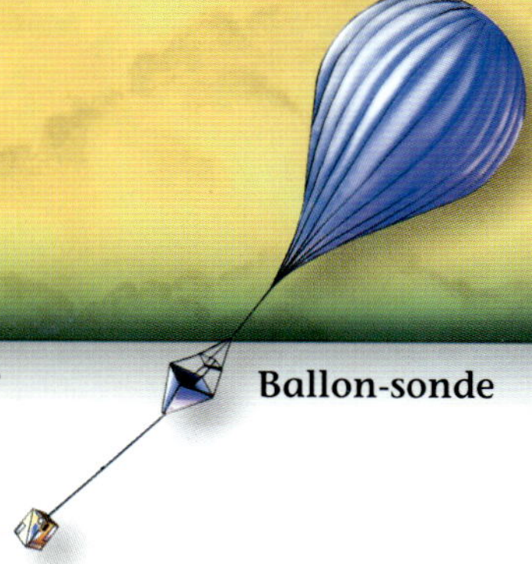

Ballon-sonde

Végétation de zone tempérée

Gaz à effet de serre Gaz empêchant la chaleur de s'échapper de l'atmosphère terrestre.

Givre Couche de glace blanche et granuleuse.

Glaciation Phase de temps froid dans l'histoire de la planète, durant laquelle de vastes régions étaient couvertes de glace.

Gravité Force provoquant l'attraction des corps vers le centre de la Terre.

Gulf Stream Courant marin qui transporte de l'eau chaude de la mer des Caraïbes vers l'Europe du Nord.

Hectopascal Unité utilisée pour mesurer la pression atmosphérique. Un hectopascal (hPa) représente 100 pascals (Pa).

Hémisphère Chacune des deux moitiés de la Terre, de part et d'autre de l'équateur. L'Europe et les États-Unis se trouvent dans l'hémisphère Nord, l'Australie et l'Amérique du Sud se situent dans l'hémisphère Sud.

Humidité Quantité de vapeur d'eau contenue dans l'air.

Hygromètre Instrument servant à mesurer l'humidité.

Interglaciaire (période) Période séparant deux glaciations.

Isobare Ligne reliant des points de même pression atmosphérique sur les cartes météo.

Latitude L'une des coordonnées d'un point à la surface de la Terre, indiquant sa distance par rapport à l'équateur.

Marée de tempête Aussi appelée onde de tempête. Vague déferlant sur le rivage lorsqu'un cyclone touche la terre, due à la formation d'une « bosse » d'eau dans l'œil du cyclone.

Météorologie Science de l'étude et de la prévision du temps.

Molécule Assemblage de plusieurs atomes. Par exemple, le dioxyde de carbone (CO_2) est constitué d'un atome de carbone (C) et de deux atomes d'oxygène (O).

Mousson Vent saisonnier entraînant de fortes pluies dans les zones tropicales et subtropicales.

Œil Zone de temps clair où règne une pression extrêmement basse, au cœur d'un cyclone.

Pluie acide Précipitation résultant du mélange de la vapeur d'eau contenue dans l'air et de substances chimiques dues à la combustion d'énergies fossiles et à la pollution.

Précipitations Gouttes d'eau et cristaux de glace tombant sur la terre, sous forme de pluie, de grêle ou de neige.

Pression atmosphérique Poids de l'air au-dessus d'un lieu à la surface de la terre.

Radiosonde Instrument de mesure, qui enregistre la pression atmosphérique, la température et l'humidité, et qui renvoie les informations vers un centre météo.

Rayon vert Effet de lumière qui apparaît lorsque l'atmosphère réfracte la lumière solaire au lever ou au coucher du soleil. Chaque couleur du spectre devient alors visible un court instant. La dernière couleur est le vert, parce que le bleu, l'indigo et le violet sont toujours bloqués par les poussières.

Réchauffement de la planète Augmentation de la température moyenne de l'atmosphère.

Spectre Ensemble des couleurs visibles par l'œil – à savoir rouge, orange, jaune, vert, bleu, indigo et violet.

Stratosphère Couche de l'atmosphère située au-dessus de la troposphère.

Tempérée Se dit d'une région où le temps n'est ni très chaud ni très froid. Les régions tempérées connaissent quatre saisons distinctes.

Tempête de poussière Gigantesque nuage de poussière en mouvement.

Thermomètre Instrument servant à mesurer la température.

Tornade Tourbillon d'air pouvant dépasser 1 km de diamètre, se déplacer jusqu'à 120 km/h et générer des vents atteignant 500 km/h.

Trombe marine Colonne tourbillonnante d'air chargé d'eau, qui se forme lorsque des courants aériens aspirent l'eau d'un lac ou de la mer.

Tropopause Zone séparant la troposphère de la stratosphère.

Troposphère Couche la plus basse de l'atmosphère. C'est là que nous vivons. Environ 99 % des phénomènes climatiques se déroulent dans la troposphère.

Vapeur d'eau Eau à l'état gazeux.

Vents dominants Vents les plus courants dans une région donnée.

Verglas Épaisse couche de glace lisse et transparente.

Virga Pluie s'évaporant avant d'atteindre le sol. La virga apparaît souvent sous forme de stries dans le ciel.

Voie lactée Galaxie dans laquelle se trouve notre système solaire.

Vortex Entonnoir tourbillonnant d'une tornade.

Digue

Anémomètre

Désertification

Index

Les éditeurs remercient les enfants qui ont été photographiés dans cet ouvrage : Charlotte Barge, Alex Hall, Cassandra Hall, Eloise Hall, Heide-Jo Kelly, Emily Knight, Gregory Knight, Elizabeth Lum, Abbey Piaud, Christopher Piaud, Jules Smith-Ferguson, Pasang Tenzing.

CRÉDITS PHOTOS
(h = haut, b = bas, g = gauche, d = droite, c = centre)
AAP Images 42 bg. **AdLibitum** 5 bc, 7 bd, 11 cd, 12 hc, 14 bg, 18 c, 20 b, 21 bg, 26 bg, 28 c, 32 g, 39 bd, 47 cd, 51 bd, 52 bg, 55 d, 56 bg (Mihal Kaniewski). APL 13 hd, 14 bd, 18 hd, 20 c, 21 bd, 26 hg, 27 bd, 27 cd, 30 bg, 31 h, 32-33 c, 37 bd, 37 c, 39 hd, 40 bg, 41 hc, 42 c, 42 hd, 45 c, 51 cd, 54 cg, 59 bd (Corbis) ; 17 hc, 25 bg. **Bill Bachman** 57 h. **Digital Stock** 37 hg. **Warren Faidley** 34 bc. **Hurricane Hunters USA** 36 c. **Getty Images** 34 bg (Tony Stone/Buff Corsi) ; 34 hd (Tony Stone /Dr Scott Torquay) ; 10 hd (FPG) ; 8 bg (Hulton Archive) ; 12 bc, 37 hd (Tony Stone) ; 35 g, 61 hd. **NASA** 47 bd, 60-61 c (GSFC-SVS, TOMS Project). NGS 32 cg (W. Faidley) ; 53 g. **NOAA** 61 bc (Photographie du Dr. Ryan Sanders), 43 cg. **Photo Essentials** 49 hd. **photolibrary.com** 59 hd (Baun and Hembest/SPL) ; 24 b, 26 hd (Jocelyn Burt) ; 60 bg (Conor Caffrey/SPL) ; 27 g (Jack Finch/SPL) ; 54 hd (Los Alamos Nat. Lab/ SPL) ; 22 bg (Magrath/Folson) ; 22 c (NASA) ; 8 hd (NASA/ Goddard SPC Flight/ SPL) ; 16 hg (NASA/Science Source) ; 37 cd (NASA/SPL) ; 27 hd (George Post/SPL) ; 12 cg, 15 bd, 17 c, 38 bg, 50 bg, 56 hd, 8 cd (SPL) ; 9 bg (Van Sant/GEO/SPL) ; 10 cg (Robin Smith) ; 25 cd, 58 bg, 61 hc. **Physical Oceanography Research Division, Scripps Institute of Oceanography** 41 hd, 41 cd (Warren B. White). **Royal Meteorological Society, Londres** 22 bc. **San Diego Historical Society Photograph Collection** 24 cg. **Dr. P.S.C Tacon** 48 g. **Wildscape Australia** 52 hd (Peter Jarver) ; 30-31 c, 54 b.

CRÉDITS DES ILLUSTRATIONS
Anne Bowman 29 bg ; 44/45. **Chris Forsey** 4 hd ; 6 bd ; 7 bg ; 14/15 c ; 14 hg ; 14 hc ; 14 hd ; 15 bg ; 15 bc ; 24/25 ; 29 h ; 36/37 ; 62 hg. **Richard McKenna** 47 hd ; 54/55 ; 60/61 ; 63 hc ; 63 bd. **Nicola Oram** 7 hd ; 18 h ; 18/19 b ; 63 hd. **Oliver Rennert** 1 hd ; 3 hd ; 5 hd ; 6 bg ; 6 hcd ; 6 bcd ; 10/11 ; 12/13 ; 28 hd ; 28 bg ; 28 bd ; 30/31 ; 32/33 ; 34/35 ; 46 bg ; 46 bd ; 52/53 ; 62 bg ; 62 bd ; 62 bc ; 63 bc. **Glen Vause** 4 bd ; 4 hcd ; 7 cg ; 20/21 ; 26 bc ; 29 cg ; 40/41 ; 46 h ; 46 c ; 48/49 ; 50/51 ; 62 hd. **Laurie Whiddon** 14 cd ; 16 cd ; 18/19 c ; 47 cd ; 56/57. **Wildlife Art Ltd.** 4 cd ; 6 hc ; 7 c ; 7 hg ; 8/9 ; 16/17 b ; 16 hg ; 16 hc ; 17 d ; 22/23 ; 29 bd ; 29 cd ; 38/39 ; 42/43 ; 47 cg ; 58/59 ; 63 hg ; 63 bg.

CRÉDITS DE COUVERTURE
Chris Forsey ; **Richard McKenna** ; **Oliver Rennert** ; **Glen Vause** ; **Wildlife Art Ltd.**